Jürgen Küster

Stellt Euch vor - es geht Euch besser!

Jürgen Küster

Stellt Euch vor - es geht Euch besser!

Vorschläge und gestalttherapeutische Übungen für ein angemessenes Lebensgefühl

Trainerverlag

Imprint

Cover image: www.ingimage.com

Publisher:
Der Trainerverlag
is a trademark of
International Book Market Service Ltd., member of OmniScriptum Publishing Group
17 Meldrum Street, Beau Bassin 71504, Mauritius
Printed at: see last page
ISBN: 978-620-2-49484-7

Vorschläge

Stell Dir vor, Du liegst (auf dem Bauch) an einem Strand. Der Sand ist warm und Du schaust an einer Klippe hinauf. Oben auf der Klippe stehen einige Palmen. Sie recken ihre Schöpfe in einen strahlend blauen Himmel. Hinter Dir, nur ein paar Meter entfernt brechen Wellen an die Küste – hin und wieder erreicht die Brandung Deine Zehen. Bleibe ein paar Minuten in dieser Vorstellung. Wie fühlst Du Dich? Wie schmeckt die Luft? Was hörst Du? Wie geht es Dir an diesem Ort?

oder

Stell Dir vor, Du stehst auf einer Almwiese. Rings herum wachsen kurzes, grünes Gras und Alpenblumen. In einiger Entfernung stehen dunkle Tannen und knorrige Kiefern. Dahinter türmen sich schneebedeckte Berggipfel auf. Der Himmel ist blau, warmer, sanfter Wind streicht über Deine Haut und Du siehst über dem Wald einige Vögel ziehen. Bleibe ein paar Minuten in dieser Vorstellung. Wie fühlst Du Dich? Wie schmeckt die Luft? Was hörst Du? Wie geht es Dir an diesem Ort?

(*Vielleicht stellst Du fest, dass es Dir an diesen Orten oder an einem dieser Orte oder an einem anderen, von Dir geschaffenen und imaginierten Ort gut geht, dass Du angenehme Gefühle hast, und dass Du Dich entspannst.*

Bitte werde Dir bewusst, dass Du Dich also wohl fühlen kannst: dass Du es bist, der dieses Wohlgefühl in sich hervorrufen kann, dass es Dir also durchaus möglich ist, Dein Leben mit angenehmen Gefühlen zu bereichern.)

Inhalt

Vorschläge 3

Soll ich Euch etwas raten? von Ratschlägen und deren Abwehr 5

Awareness 15

Funktionen und Unterbrechungen 18

Wer oder was ist schuld? über Schuld und Verantwortung 35

Kontakt und Grenzen 43

Wertschätzung und Akzeptanz 60

Wut und Aggression 75

Furcht und Angst 84

Vom Umgang mit schwierigen Mitmenschen 89

Das „Meer der Möglichkeiten" 94

Sind Sie noch ganz die/der Alte? Nachwort Birgit Winterstein 103

Register ....

Soll ich Euch etwas raten?

von Ratschlägen und deren Abwehr

Zu guter Letzt nehme ich die Herausforderung an: ich verfasse einen Ratgeber, der Ihnen und Euch ein angemessenes Lebensgefühl nahelegt und Sie und Euch darin unterstützen will, ein solches zu erschaffen, wenn es fehlt oder brüchig ist; „angemessen" soll heißen, dass Ihr Eure authentischen Bedürfnisse gut befriedigen könnt. Ich will hingegen niemanden dazu auffordern, sein Leben bis ins letzte Detail und über Generationen hinweg zu analysieren oder eine rosarote Brille aufzusetzen: „think positiv" ist hier kein Muss und auch kein Soll – wenn Euch nicht danach ist. Ich will Euch hier auch nicht in Begeisterung über irgendein geheimes und nun gelüftetes Lebensgeheimnis versetzen oder zu einer optimierten Lebensführung überreden. Und ich will Euch nichts verkaufen, was ihr nicht braucht.

Auch wenn ich das zunächst für unmöglich halte. Aus vielen Gründen. Erstens bin ich kein Profi für Euer Leben – das seid ihr selbst. Zweitens sitzen Sie und sitzt Ihr nicht vor mir, das heißt, mir fehlt die Resonanz zwischen uns, um spüren zu können und abzuwägen, was ich tun oder sagen kann. Ich bin hier auf mich allein gestellt. Und das ist schlecht. Ich behelfe mir insofern, als ich auf meine Praxiserfahrungen zurückgreife. Daher weiß ich auch, dass Ratschläge oft unwillkommen sind und zurückgewiesen werden (weshalb ich mich davor hüte, solche zu geben – das ist oft nicht leicht) und viertens gibt es dafür viele und gute Erklärungen. Eure Kontaktgrenze ist vielleicht schon gereizt von den vielen gut gemeinten Empfehlungen, die Ihr bekommt - so wie Haut, der es zu heiß, zu kalt, zu nass oder zu trocken wird - von Vorschlägen, die Ihr aber nicht umsetzen könnt. Ihr seid möglicher Weise gar nicht wirklich auf Empfang „geschaltet" (denn das bedarf auf beiden Seiten gewisser Vorbereitungen). Euer Organismus sucht vielleicht eher den Ausgleich zu einer zur Last gewordenen Empfehlungsbürde, die sich angehäuft hat und die für sich genommen schon Angst macht, ein Fluchtmotiv oder Grund zur Erstarrung werden kann oder Aggressionen hervorruft. Oder Ihr konstruiert und verstärkt einen Kontrast, um Ausgleich zu schaffen. Das ist vergleichbar mit einem Nachbild beim Sehen. Ihr seht „rot".

Bitte schaut mal für 30 Sekunden auf etwas Grünes – konzentriert Euch bitte auf diese Farbe und versucht, nicht zu blinzeln – dann schließt die Augen. Ihr seht nun die Farbe, die im Spektrum fast genau gegenüberliegt – je nach Farbton des Grüns wird dort Rot oder Rotviolett erscheinen. Das Gegenteil also. Ihr könnt anschließend auch ein weißes Blatt fixieren und werdet dann dort eine Variante der Komplementärfarbe sehen. Die Sinne suchen den Ausgleich und bilden ihn ab. Sie neutralisieren das Bild, wenn sie sich einseitig gefordert fühlen und Eure Kontaktgrenze rebelliert. Alles andere wäre ungesund. Etwa so ungesund wie ein neben Euch startendes Düsenflugzeug für die Hörnerven – Ihr werdet Euch entweder im gesunden Reflex die Ohren zuhalten oder ihr werdet vorübergehend schwerhörig. Dieser Ausgleich kann passieren, wenn Ihr gut gemeinten Rat einholt, vielleicht nicht beim ersten Mal, aber recht sicher in der Wiederholung. Jeder, der in eine Lebenslage gerät, die er als „suboptimal", misslich oder gar eng, beängstigend oder kalt und leer empfindet, wird sich öfter Rat holen. Vielleicht sogar zur Lektüre von Ratgebern greifen ... und dann erhält er wahrscheinlich irgendwann immer wieder die gleichen oder ähnliche Ratschläge. Aber der gewünschte Effekt kann ausbleiben. Im Gegenteil, Eure Abwehr wird aktiviert und Ihr findet tausend Gründe, warum der eingeholte Rat nicht funktionieren kann, besonders, wenn er gut ist und genau auf Euch zutrifft. Das kann Ergebnis eines an sich gesunden Selbstregulierungsprozesses sein. Die Abwehr ist für etwas gut! Aber diese Erkenntnis hilft dann oft nicht weiter, weil ja die Selbstregulierung im Ganzen nicht zu befriedigenden Ergebnissen geführt hat. Ihr würdet ja sonst keinen Rat suchen. Das ist ein Teufelskreis. Aber es gibt ein Entkommen:

Ihr könnt Euch zunächst einmal mit diesem Abwehrmechanismus befassen. Der ist Teil von Euch. Den dürft Ihr ernst nehmen. Und für alle, die schon von irgendwelchen äußeren Einflüssen, Ratschlägen und Strukturen beeinflusst oder geschädigt wurden und zur Selbstanklage neigen – nein, er weist nicht darauf hin, dass ihr schuld, faul oder dumm seid! vermutlich auch Eure Eltern oder Großeltern nicht (oder nicht nur oder nicht hauptursächlich) und nicht das soziale Umfeld – das macht die Sache aber nicht einfacher.

Was nun? Da gibt es verschiedene Ansätze. Vielen Menschen fällt es leicht, einen kognitiven Zugang zu ihrem Verhalten zu suchen – also sich zu informieren und darüber nachzudenken. Hier also Stoff für Eure Köpfe und Gedanken. Zum Thema Abwehr bzw. Widerstand stellt etwa das Lexikon der Gestalttherapie die folgenden Erkenntnisse zur Verfügung:

„Widerstand bedeutet (...) nicht allgemeiner Widerstand gegen Kontakt überhaupt, sondern gegen bestimmte Kontaktangebote bzw. gegen Kontaktzwänge, die der Handelnde als schädlich für sich empfindet. Damit ist Widerstand eine gesunde, wachstumsfördernde Haltung, die sehr notwendig ist für die flexible, selbstbestimmte Figur/ Grund-Bildung." (Gordon Wheeler).

(was aber bedeutet Figur/Grund-Bildung?)

oder

„Das Problematische an der Idee des Widerstands ist die Annahme, dass der Widerstand erstens dem eigentlichen Interesse zuwider läuft, und zweitens seine Auflösung – analog der Bekämpfung eines Grippevirus – zu einer gesunden Funktionsweise führen müsste. Doch einen psychologischen Aderlass für den kranken Organismus gibt es nicht, denn was als Widerstand bezeichnet wird, ist Teil des eigenen Verhaltens, und kein Fremdkörper. Erst durch die Wiedereinbindung der mit diesem Verhalten verknüpften und entfremdeten Energie kann das Funktionsspektrum des Individuums erweitert werden." (E. und M. Polster)

(was aber bedeutet Wiedereinbindung hier?)

oder

„Vom Überlebensbedürfnis aus gesehen, stellt Widerstand sich als Schutzmaßnahme gegen Bedrohung dar, von der Gestalttheorie aus gesehen als die bestmögliche Handlungsgestalt, um ein subjektiv gegebenes Problem zu lösen. Berücksichtigen wir die Information aus dem Gesamtkontext Sprache und Körpersprache, tritt eine die Awareness des Klienten übersteigende Bedeutung in den Vordergrund. Interaktional gesehen, bildet Widerstand Übergangsmoment im Austausch von Mitteilungen, er ist Antwort auf Stimulation von außen. Diesen Gesichtspunkten fügen sich zwei weitere an, der phänomenologische, unter dem er als Ausweichen vor dem Offensichtlichen, und der psychodynamische, unter dem er als Blockierung im Prozess hervortritt." (Kristine Schneider)[i]

(was aber bedeutet hier eine, die Awareness des Klienten übersteigende Bedeutung?)

Wir erfahren hier, dass Abwehr oder Widerstand gesund und wachstumsfördernd sind, dass es problematisch ist, sie auflösen zu wollen, weil sie ja Teil es eigenen Verhaltens sind und ja, dass sie sogar als bestmögliche Handlungsgestalt betrachtet werden können, um ein (subjektiv gegebenes) Problem zu lösen. Soweit so gut. Nur damit allein ist das Problem eben doch nicht gelöst.

Pickt Euch den Gedanken heraus, der Euch am besten zusagt. Dann lest an dieser Stelle vorläufig nicht weiter! Bitte macht Euch eigene Gedanken und bleibt bei ihnen (vorschlagsweise zwei oder drei Minuten) oder meditiert über dieser Stelle. –

Wer mag, interessiert sich aber vielleicht mehr für meine Auswahl: mir gefällt der „Übergangsmoment". Wohl deshalb, weil er den Kontakt focussiert und am ehesten geeignet ist, noch ein bisschen Luft für eine Lösung zu lassen. So ein Übergangsmoment dauert per se nicht ewig und könnte Raum lassen für kleine Beobachtungen oder Experimente: Das wäre dann ein erlebnisorientierter Zugang über Gefühle. Ich werde in diesem „Ratgeber" versuchen, beide Zugänge zu berücksichtigen und immer wieder abwechseln zwischen dem Vortrag von Denkprozessen und dem Vorschlag von Übungen – dann könnt Ihr beide Verfahren testen:

Ich habe Euch gerade den Rat gegeben, an einer bestimmten Stelle nicht weiter zu lesen und zwei oder drei Minuten bei Euren Gedanken zu bleiben. Vielleicht seid Ihr diesem Rat gefolgt. Vielleicht habt Ihr ihn überlesen. Der Ratschlag war ja eher sanft, er hat Euch sicher nicht hart getroffen. Ihr werdet ihn nicht abgewehrt haben. Gut. Geht das auch, wenn so ein Ratschlag Euch hart trifft? Wenn Ihr wisst, dass Ihr etwas ändern müsst (aufhören zu rauchen, nicht so viel Alkohol trinken, weniger in die Belange Anderer einmischen, eine Therapie machen, zum Arzt gehen ...). Wenn Dir das auch leichtfällt und Du keine „Nachbilder" hast oder „schwerhörig" wirst, dann schau mal nach, ob es hier in diesem Buch irgendwo noch etwas Anderes gibt, was Dich interessieren könnte ... hier bist Du fertig, oder?

Wenn so ein Ratschlag Dich trifft und Du dann lieber „nein" sagst oder abwehrst, dann könntest Du Dich bei nächster Gelegenheit fragen, ob da ein Unbehagen irgendwo in Deinem Körper zum Ausdruck kommt. Ob Du seiner habhaft werden kannst. Und diese Erfahrung könntest Du bewusst, wohlwollend und entschieden zu Dir nehmen: (im Sinne eines Mantras „ja, ich fühle diese Abwehr und ein Unbehagen jetzt und zu dieser Gelegenheit"). Das wäre eine Alternative zum reinen Abwehrreflex. Du hast vielleicht Herzklopfen oder ziehst die Augenbrauen zusammen, wippst nervös mit dem Fuß oder führst die Finger zum Mund um Nägel zu kauen ... . Du könntest auch Pause machen und eine Zigarette rauchen oder Dich ärgern. Du hast also viele Möglichkeiten. Das ist wichtig, zu wissen. Und Du kannst Dich dabei beobachten, ob Du bei diesen Verhaltensweisen Gefühle hast und welche das sind. Wenn Du Deine Gefühle beobachtest und wahrnimmst bist Du mehr als diese Gefühle und ihnen daher nicht ausgeliefert.

Vielleicht habt ihr aber doch weitergelesen – nur mal so schnell ein bisschen gucken was kommt. Ihr seid also dem Rat zumindest ausgewichen. Wie gehst Du damit um? Du könntest es einfach bei der Feststellung belassen und Dir bestätigen, dass Du so bist. Du weichst gerne aus. OK. Warum nicht. Es gibt sicher lebensnotwendige Ausweichmanöver. Super. War das hier so ein existentiell bedeutsames Manöver? ... Du könntest stolz auf Dich sein und Dich für einen starken, unangepassten Menschen halten, der sich durchsetzt – bravo, wenn es das war – das merkst Du dann, wenn Du Dich fragst, ob Dir das Manöver etwas gebracht hat: Erkenntnisse, ein gutes Gefühl, Selbstbewusstsein ... . Oder Du könntest Dein Versagen vor dieser kleinen Anforderung zum Ausgangspunkt weitläufiger Selbstbezichtigungen nehmen und Dich in Deinem Leid bestätigen: Du bist ja eh ein Versager!

Du könntest Dir aber auch die Frage stellen, was passiert, wenn Du nicht ausweichst. Bleibt dann Deine Neugier auf der Strecke? Möchtest Du Herr der Lage bleiben – in jedem und auf alle Fälle, unbedingt? Verpasst Du etwas, wenn Du nicht gleich weiterliest, bist Du im Stress, wenn Du einen Ratschlag annimmst und konkret werden lässt? Schränkt Dich das ein? Magst Du nicht eingeschränkt werden? Kollidiert da etwas? Hat der Ratgeber Dein Vertrauen nicht? Möchtest du gefragt werden, ob Du einen Ratschlag benötigst? Stellst Du meine Auswahl über Deine – schon vorab, vielleicht, weil Du mich doch zum Profi für Dein Leben auserwählt hast und erstmal Orientierung brauchst? Vielleicht bist Du auch in Möglichkeiten an sich verliebt und magst Dich nicht festlegen oder entscheiden ob Du einem Ratschlag folgst (denn jede Entscheidung für etwas macht unendlich vielen Möglichkeiten den Garaus) ... hängst also in der Luft irgendwo dazwischen? Hast Du dann überhaupt wahrgenommen, ob Du dem Rat gefolgt bist oder nicht? Schnell drüberlesen, überfliegen und nur „die Hälfte“ mitkriegen: das wäre ja auch ein Weg. Du kannst also eine Menge an Fragen stellen und Bewertungen formulieren. Auch das ist wichtig, zu wissen. Und Du kannst dabei beobachten, ob Du bei diesen Fragestellungen und Bewertungen Gefühle hast und welche das sind. Du kannst das auch schon hier beim Lesen üben ... .

Du bist in keinem Fall ohnmächtig ausgeliefert – falls das Deine Befürchtung gewesen sein sollte. Auch mein Ratgeberbuch hat Dich bis hierher nicht handlungsunfähig gemacht, obwohl ich in diesem Fall die Chance nicht hatte, Dich zu fragen, ob Du einen Rat brauchst – das ist schade, aber nicht zu ändern. Du hast das selbst entschieden, weil Du Dir dieses Buch wohl beschafft hast. Bleibt die Frage, ob Dir die Lektüre nützt? ... Lass Dir Zeit mit der Antwort. Zum Weiterlesen brauchst Du sie erstmal nicht. Du kannst aber auch feststellen, dass bereits ein so geringfügiger Anlass, wie diese Aufforderung, nicht weiterzulesen und innezuhalten, ein bestimmtes Verhalten nach sich ziehen und zu weitreichenden Beobachtungen und Schlussfolgerungen führen kann. Ich möchte darauf hinweisen, dass es in diesem Ratgeber wesentlich um solche „Geringfügigkeiten" und ihre Folgen gehen wird, um den Blick ins Detail, in die ganz kleinen und feinen Prozesse, über die wir so gerne hinwegleben und die uns doch so viel über uns mitteilen könnten, vielleicht sogar grundsätzlich anderes, als wir im praktischen Leben wahrzunehmen gewohnt sind. Sie sind eine Ressource. Dieses Buch ist eine Einladung, die Ihr Euch verdient und ausgesucht habt, diese kleinen und feinen Prozesse wahrzunehmen, zu beobachten und Eurem Leben achtsam zu integrieren. Dann könnt Ihr Euch gut vorstellen, dass es Euch bessergeht – und dann geht es Euch besser. Falls Ihr das so wollt. Es darf aber auch alles beim Alten bleiben.

(Ich habe mich selbst schon oft über (gut gemeinte) Ratschläge geärgert und meine Abwehrmechanismen laufen hin und wieder auf Hochtouren. Zum Beispiel dann:

Als befristet angestellter Mitarbeiter in einem von der EU geförderten

Projekt zur Integration von langzeitarbeitslosen Mitmenschen bzw. von Migrant*innen [1] aus EU Ländern, bin ich alle paar Jahre gezwungen, dem Arbeitsamt meine bevorstehende Arbeitslosigkeit zu melden. Das geschieht nach gesetzlichen Bestimmungen drei Monate vor Ende der jeweiligen Projektphase (leider haben es die Verwaltungsinstanzen bisher nicht verstanden, die Verlängerungszusagen länger als drei Monate im Voraus zu machen, die kommen i.d.R. drei Tage vor dem Ende der Laufzeit ...). Ich bekomme dann regelmäßig umgehend eine Antwort des Arbeitsamtes, mit der ich (scheinbar wohlwollend) darauf hingewiesen werde, dass ich mich an der anstehenden Arbeitsuche selbst zu beteiligen hätte, andernfalls Sanktionen greifen würden. Dieser (schlecht) verpackte Rat demotiviert mich regelmäßig massiv und hinterlässt das absolut überflüssige Gefühl, man halte mich wohl für unfähig, für mich selbst zu sorgen. Und das, obwohl ein Teil meines Berufslebens unmittelbar mit der Förderung von arbeitsuchenden Mitmenschen verbunden ist. Ich brauche Energie, um mich aus diesem Tal dann wieder hochzuarbeiten. Dabei ist der Rat von der Sache her durchaus treffend.

Ich suche dann regelmäßig nach Möglichkeiten, diese aktivierte Energie umzulenken und irgendwie anders und sinnvoller (als in die Abwehr) zu investieren. Die sozialrechtlichen Routinen und damit verbundene Rhetorik kann ich nicht ändern, aber ich kann mich ja etwa mit Abwehrmechanismen beschäftigen – auch zum Wohl meiner Klient*innen.

Ich muss diesen Abschnitt mit einem Rat beschließen: wenn Ihr veränderte Verhaltensweisen ausprobieren wollt: vergesst nicht, auf Euren Atem zu hören. Etwa in einer solchen Ratschlag-Abwehr Situation: kurz bevor das Übliche (die Abwehrreaktion) passiert: innehalten, ein, zwei, drei Mal tief ein- und ausatmen

---

[1] Ich werde mich im Folgenden nicht durchgängig an die übliche geschlechtergerechte Schreibweise halten. Ich werde das je nach Lesbarkeit, Themengewichtung und Gefühl entscheiden. Als Mann bevorzuge ich, meine Perspektive auch grammatikalisch mit zum Ausdruck zu bringen und zur Diskussion zu stellen. Ich mag mich hinter nivellierender Rhetorik nicht verstecken. Dennoch sind in jedem Fall alle Geschlechter in gleicher Weise, Gewichtung und Wertschätzung gemeint und angesprochen.

und dann die Alternative erproben. Dein Wissen aktivieren, Fragen stellen, Gefühle beobachten, spüren, dass das Leben ist. Wenn Ihr das nicht übt, seid ihr sofort wieder im alten Muster. - Nun? Wie geht es Euch damit?

Begriffserklärungen:

Kontaktgrenze: Als körperliche Kontaktgrenze behandele ich im Folgenden die Haut. Sie grenzt das Individuum und das Selbst von äußeren Einflüssen und vom Anderen ab. Parallel dazu betrachte ich die geistig-seelische Kontaktgrenze dort, wo das Bewusstsein zwischen Neuem und bereits Integriertem, zwischen dem Selbst(gefühl) und dem Umfeld unterscheidet.

Figur/Grund – Bildung: *„Aus den vielen, unterschiedlichen Sinneseindrücken einer Situation, die gleichzeitig auf den Menschen einströmen, kann das Gehirn die Eindrücke ausfiltern, die es zu diesem Zeitpunkt als die Wichtigsten erachtet. Diese Eindrücke werden zum Vordergrund, zur „Figur“. Sie werden bewusst und differenziert wahrgenommen und bilden das Zentrum der Aufmerksamkeit. Die übrigen Sinneseindrücke, die als unwichtig erkannt werden, treten in den Hintergrund und bilden den „Grund““.* (wikipedia)

zum Begriff der Wiedereinbindung: Jedes Verhalten, insbesondere auch der Widerstand, kostet Energie. Sich dessen bewusst zu werden, wäre der erste Schritt. Die Frage aufzuwerfen, wo diese Energie besser investiert werden könnte, wäre dann ein Ziel, das für viele Menschen nur mühevoll zu erkennen oder zu formulieren ist. Das Verhalten entsprechend zu ändern fällt daher schwer, würde die Energie aber effektiver in den Prozess einbinden und den Selbstkontakt verstärken. Tiere haben es da einfacher. Die fühlen, wann es lohnt, aufzustehen, loszurennen und Beute zu jagen/sich zu verteidigen – und wann es besser ist, sich weiter (in der Sonne) auszuruhen und die Kräfte zu schonen. Es erfordert also Übung, nicht lohnendes, energieverschwendendes Verhalten zu erkennen und durch zielführendere Verhaltensweisen zu ersetzen.

Awareness: *„Von Awareness/Gewahrsein wird gesprochen, wenn die Wahrnehmung von dem Wissen begleitet wird, dass wir wahrnehmen („bewusste Wahrnehmung“). ... Es geht um die Unterscheidung von Wahrnehmung und Deutung oder Interpretation. Die Unterscheidung hilft das Handeln besser an der Wirklichkeit zu orientieren“. Dabei können äußere Stimulantien das Gewahrsein „überschwemmen“ und damit eine klare Unterscheidung von Wahrnehmung und*

Deutung erschweren oder verhindern. Die Wirklichkeit verschwimmt und mit ihr klare Handlungsalternativen". (vgl. https://studylibde.com/doc/2067567/krisen--krisenverlauf)

Literaturtipps:

Wissen Gestalttherapie-Lexikon (z.B. http://www.gestalttherapie-lexikon.de)

Üben z.B. „Der innere Beobachter", in: Reddemann, Imagination als heilsame Kraft

Interessant:

Der Begriff Ratschlag hat nichts mit raten und mit schlagen (also mit körperlicher Gewalt) zu tun. *„Das Wort „Rat" wurde ursprünglich im Sinne von „Mittel, die zum Lebensunterhalt notwendig sind" verwendet (vergleiche in diesem Zusammenhang „Vorschlag", „Hausrat", „Vorrat", „Unrat", „Gerät"). Daraus leitete sich die „Besorgung der notwendigen Mittel" ab. Danach erst wird das Wort „Rat" im Sinne von „gut gemeinte Empfehlung" verwendet."* (wiktionary). Der „Schlag" *„bezeichnete ursprünglich nur die gerodeten Felder (wo die Bäume geschlagen waren)"* (wiktionary) aber auch bestimmten Zwecken gewidmete Flächen oder Räume (vgl. Hühner-/Taubenschlag, Verschlag). Ein Ratschlag bezeichnet demgemäß eine abgegrenzte/definierte Stelle/Raum, wo zum Lebensunterhalt Notwendiges zu besorgen ist.

Awareness – Gewahrsein

Weil der Begriff Awareness/Gewahrsein (nicht nur) hier eine besondere und zentrale Rolle spielt, will ich dazu ein paar Gedanken vorwegnehmen. Awareness/Gewahrsein bezeichnet also nach üblicher Definition eine Haltung, die aus der Aufmerksamkeit gegenüber dem eigenen Bewusstsein resultiert. Es geht dabei aber nicht vorrangig darum, möglichst alles wahrzunehmen, möglichst detailliert zu beobachten, möglichst zu allem und jedem eine Meinung zu bilden und zu vertreten und es geht auch nicht um pure Feinfühligkeit. Mir scheint, das wird oft missverstanden. Natürlich gehört zu einer angemessenen Lebenshaltung auch ein hohes Maß an Offenheit und Wahrnehmungsfähigkeit. Das ist unbestritten. Und Awareness/Gewahrsein hat auch viel mit Bewusstsein zu tun – ohne Bewusstsein ist Awareness/Gewahrsein gar nicht möglich. Ganz wesentlich erscheint mir aber, dass wir diesen bewussten Wahrnehmungen mit Awareness/Gewahrsein noch eine Dimension hinzufügen. Dass wir die Ebene wechseln bzw. eine Ebene dazu gewinnen. Dass wir uns nicht nur bewusstwerden, dass wir bewusst urteilen, Schritte machen, zuhören oder sitzenbleiben, Musik machen, einen Brief schreiben oder nichts tun, sondern dass wir ein Gefühl für dieses Bewusstsein entwickeln und mit ihm Selbsterfahrungen machen. *„Die Technik der ‚Bewusstwerdung' ist in Gestalt schon die Hälfte der Therapie: Jetzt erfahre ich ... jetzt fühle ich ... jetzt handle ich ... jetzt will ich ... jetzt vermeide ich ... jetzt beherrsche ich mich selbst, um nur ja nicht zu weinen ... jetzt würde ich gerne ... jetzt erwarte ich .... . (...) Entdecken, wie du den Atem anhältst, wie du dir selbst weder Raum noch Luft gönnst, wie du krumm gehst unter einem schweren Gewicht, das du auf deine Schultern nimmst, wie du im Schlaf mit den Zähnen knirscht und am Tag deine Wut hinunterschluckst und sie hinter einem big smile verbirgst, wie du dich klein machst, indem du den Kopf zwischen die Schultern ziehst, wie du von unten herauf schaust und also zu jedem aufsiehst ... Dies ist der*

Weg, deine Kraft und deine Möglichkeiten zu entdecken und sie im gewöhnlichen Leben nutzen zu lernen."[2]

Nicht derjenige übt Gewahrsein, dessen innerer Antreiber oder „Topdog" fordert, dass Du gewahr werden sollst und dessen Aufmerksamkeit und Bewusstsein sich vielleicht auf die Frage nach dem „warum" (ist das so) richtet, sondern derjenige, der mit sich selbst und seinem Tun in Selbstresonanz kommt und der spürt, ob das, was er gerade tut oder denkt angemessen ist oder nicht und der daher auswählen kann, ob er etwas verändern mag. *„GEWAHRSEIN IST EIN WERKZEUG. Wenn du etwas bewusst wahrnimmst, kannst du wählen. Je größer dein Gewahrsein ist, desto sorgfältiger kannst du wählen, desto mehr Wahlmöglichkeiten hast du. ... Ich sage keinesfalls, ihr ‚solltet' Gewahrsein haben. Wenn ihr kein Gewahrsein habt, habt ihr keins. Wenn ihr Gewahrsein mit einem ‚sollte' verbindet, dann wird es wie jedes andere ‚sollte' etwas, das nicht länger das ist, was ihr tut. Es ist, was ihr tun ‚solltet' und wird zu einer ganz unterschiedlichen Erfahrung. ... Gewahrsein bedeutet, dass ich die Möglichkeit habe, etwas zu ändern, anstatt mir zu erzählen: 'Aha, das tust du gerade, und du solltest das nicht tun; du solltest etwas anderes tun'".*[3]

Awareness/Gewahrsein hat also in erster Linie etwas mit Selbsterfahrung (im Hier und Jetzt) zu tun und mit dem Gespür für die Angemessenheit oder Unangemessenheit Eures Tuns oder Denkens im Moment. Das könnt Ihr üben, wenn Ihr Euch die Zeit nehmt, Euch aufmerksam zu beobachten und Euch in Eurem Tun und Denken zunächst einmal einfach lasst. Es ist wichtig, dass Ihr ein Gefühl für die Selbstresonanz Eures Tuns oder Denkens bekommt, und dazu könnt Ihr es erstmal einfach wohlwollend beobachten. Das geht grundsätzlich auch mit Euren Partnern und Mitmenschen, wenn Ihr Euch auf sie einschwingt und gewahr werdet, dass dort Signale ausgesendet werden, die Ihr annehmt oder abwehrt.

---

[2] de Roeck, Gras unter meinen Füssen, 2016, S.62f.
[3] Simkin, Gestalttherapie, 2003, S.35

Darauf beruht die Wechselwirkung mit Eurem Umfeld.

Das lässt sich vielleicht mit einem Vergleich illustrieren: Es kommt nicht darauf an, viele Instrumente zu spielen, auch nicht auf die Techniken, mit denen Ihr Gitarre spielt oder welche Akkorde Ihr bedient oder dass Ihr besonders viele und kniffelige beherrscht, sondern darauf, die Resonanz des Tons oder der Töne bei Euch zu spüren, die Ihr erzeugt und eventuell darum, deren Feinabstimmung zu regulieren, wenn sie Euch nicht guttun.

Dazu könntet Ihr versuchen, Euch mit einer solchen Gitarre oder einem anderen Instrument zu identifizieren und den Klang spüren, den Ihr erzeugt. Wie ist Eure Stimmung?

Über Funktionen und Unterbrechungen

Zu den sozialpolitischen Errungenschaften der letzten 200 Jahre gehört die Krankschreibung, die wir beim Arbeitgeber abgeben und bei der Gesundheitskasse einreichen müssen. Dann dürfen wir – auch wegen Schnupfen, Halsweh oder Liebeskummer – zu Hause bleiben (jedenfalls dann, wenn wir einen dafür entsprechend sensiblen Hausarzt haben). Ein Segen sicherlich, wenn wir mit gebrochenem Bein im Krankenhaus liegen, einen Bandscheibenvorfall erlitten haben oder Verbrennungen zweiten und dritten Grades. Keine Frage. Und je nach Naturell des Betroffenen auch ein Segen bei den oben genannten Funktionseinschränkungen – auch klar?

Wo das Kranksein beginnt und wo schlichtere Funktionseinschränkungen aufhören, darüber befindet zu Recht die Ärzteschaft. Sie erstellt Diagnosen, verschlüsselt sie nach ICD 10 damit andere Ärzte Bescheid wissen und Krankenkassen abrechnen können. Das hat bis hierher aber wenig mit Eurem Krankheitsbewusstsein zu tun. Wenn ihr Glück habt, erklärt Euch der Arzt, was er warum verschreibt und empfiehlt. Weniger Glückliche erhalten ein Rezept mit einem meist aus dem Lateinischen abgeleiteten Handelsnamen für die Apotheke und gut. Und dann seid ihr je nach Symptom und Urteil des Arztes zwei oder drei Tage, zwei oder drei Wochen krank. Wer länger krank ist, muss aufpassen, dass seine Krankschreibung lückenlos fortgeführt wird, damit er Lohnfortzahlung und später Krankengeld bekommt. Ich kenne Fälle, in denen es den Betroffenen zunächst angelegen war, aus der misslichen Situation herauszukommen, und die darüber vergessen hatten, sich pünktlich weiter krankschreiben zu lassen. Sie landeten in Teufels Küche ... .

So betrachtet hat Kranksein viel mit Regeln, Disziplin, Terminen, Dosierungen und häuslicher Langeweile zu tun. Ist also kein Mittel, um es sich gut gehen zu lassen und gesund zu werden. Die Kollegen wünschen zwar gute Besserung – aber der Kranke soll sich auf keinen Fall besser fühlen, als man sich selbst im Büroalltag.

Aus meiner Sicht ist mit dem System nicht viel anzufangen, wenn es darum geht, Bewusstsein zu trainieren oder ein „besseres Leben“. Tatsächlich ist es dafür auch nicht da. Aber auch Eigenverantwortung und Selbstregulierung sind hier nicht gefragt und werden nicht angeregt. Wohl aber gefordert, wenn es um die Abrechnungsroutinen geht. Ein eklatanter Widerspruch! Hier besteht grundsätzlich Reformbedarf.

Es ist mir wichtig, darauf hinzuweisen, dass unsere Themen hier um Bewusstsein und Awareness kreisen, nicht um die Diagnose oder medizinische Behandlung von Krankheiten – auch, wenn es da Rückkoppelungen gibt und auch, wenn sich herausstellt, dass das Bewusstsein (mit)ursächlich für Krankheiten sein kann. Ihr dürft das gerne immer mitdenken. Es gibt inzwischen viele seriöse naturwissenschaftliche Untersuchungen und Abhandlungen, die zeigen, dass der Geist (das Bewusstsein) den Prozessen in der materiellen, biologischen, physiologischen Welt vorausgeht und diese initiiert und das Geist, Seele und Materie nicht voneinander getrennt existieren. Ich gehe hier nicht weiter darauf ein, weil das erstens den Rahmen des Ratgebers sprengen würde und zweitens leicht zu fragwürdigen Überzeugungen führen kann. Der Themenkreis ist zu wenig im gesellschaftlichen Bewusstsein verankert oder abgesichert, als dass es mir zielführend erschiene, ihn an dieser Stelle zu integrieren. Ich formuliere aber im Kapitel „Meer der Möglichkeiten“ dazu noch einige einführende Gedanken.

Versucht also bitte nicht, selbstgestellte Diagnosen und belastende Symptome (ausschließlich) mittels meditativer Übungen oder besonderer Achtsamkeit zu kurieren. Wenn es hilft, dann hilft das Bewusstsein ohnehin – das wird kein Arzt verhindern können – auch nicht, wenn es schadet. Geht also erstmal zum Arzt, wenn ihr das Gefühl habt, krank zu sein! Sich mit dem „Für und Wider“ schulmedizinischer Behandlungsroutinen auseinanderzusetzen, das kann dann an anderer Stelle sinnvoll sein und abgearbeitet werden.

Allerdings bleibt die Frage auch hier interessant, ab wann wir von Krankheit sprechen sollten und wo wir im Bereich der Funktionen (ganz neutral) oder Funktionsstörungen (etwas neutraler) unterwegs sind. Das ist vor allem im Bereich der psychischen Symptome oft eine Glaubensfrage. Geht es um medizinische Behandlung und Heilung? Oder um Veränderungen der individuellen Haltung und des Bewusstseins – mit heilenden oder zumindest heilsamen Konsequenzen? Ich plädiere dafür, die Entscheidung darüber nach dem Blickwinkel zu richten, unter dem wir die Themen im Kontext ihrer Dringlichkeit betrachten. Und dafür, diesen Blickwinkel achtsam zu definieren (zu kommunizieren) und gegebenenfalls (fach)kundigen Rat zu holen. Geht es um ein ganzheitliches Konzept zur Heilung, um Ganzheit als Ideal der Wahrnehmung, um Veränderungen der Wahrnehmung oder um Veränderungen der eigenen Verhaltensweisen und Gewohnheiten, um Verbesserungen des Lebensgefühls oder um die rasche Linderung von Schmerzen, um medizinisch relevante Notfälle oder Diagnosen unklarer Befunde, um die Auseinandersetzung mit notwendigen Operationen oder um präventive Maßnahmen? Das macht schon einen gewaltigen Unterschied – auch, wenn zunächst einfach nur die Nase juckt.

Ich erinnere mich an die Schilderung einer Ärztin auf einem Weiterbildungsseminar in Zürich. Die berichtete davon, dass an dem Krankenhaus, an dem sie arbeitet, eine Patientin mit diagnostizierter Schizophrenie gelebt hatte, die von der behandelnden Ärzteschaft mit viel Sorgfalt und Mühe versorgt worden war. Sie „verirrte“ sich gelegentlich in der Stadt und war mehrfach am Bahnhof wieder aufgegriffen worden. Nach mehreren Versuchen gelang es den Behandlern endlich, die „richtige“ Dosis für ein Medikament zu finden, mit der diese „Verirrungen“ abgestellt werden konnten. Zu ihrer großen Überraschung antwortete die Patientin einige Wochen später aber auf die Frage, wie es ihr gehe mit einer Klage. Es ginge ihr jetzt viel schlechter als vorher, so die Patientin. Sie fühle sich nun völlig alleine gelassen, weil sie die Stimme ihrer ehemaligen Englischlehrerin nicht mehr höre, die sie so oft begleitet hatte (und ihr auch gesagt hätte, sie solle zum Bahnhof gehen). Es wird also auch bei diagnostizierten Erkrankungen immer auch darum gehen, die subjektive Wahrnehmung, den Grad der Gefährdung und das „Für und Wider" einer Behandlung abzuwägen und nicht darum, Erkrankungen mit allen Mitteln zu beseitigen. Hier geht es auch um die bewusste Entscheidung für oder gegen einen Blickwinkel.

Uns geht es hier um die Verbesserung oder Erarbeitung eines individuell angemessenen Lebensgefühls. Also nicht um die Heilung von Krankheiten in medizinischem Sinn. Wir bewegen uns im Bereich der Funktionen und der Funktionsstörungen, die mitursächlich für Erkrankungen sein können, sie aber (meist) nicht alleine und (wahrscheinlich) nicht auf direktem Weg auslösen – jedenfalls nicht nach klassischer Ansicht. Wir befassen uns nicht mit dem gebrochenen Bein, wohl aber mit dem Betroffenen und seiner Haltung diesem gebrochenen Bein gegenüber. Wir befassen uns nicht mit den Möglichkeiten, die Aborigines haben, wenn sie ein gebrochenes Bein mittels geistiger Kraft und Konzentration heilen – und mithin hier nicht (ausführlich und so nicht) mit dem Leib-Seele Komplex - weil wir keine Aborigines sind.[4]

Dann stellt sich aber die Frage, nach welchen Begrifflichkeiten und in welchem Rahmen ich über diese Haltungen, über meine Einstellungen und über unsere Befindlichkeiten sprechen oder schreiben kann.

Ich werde ein Modell heranziehen, das ich im „Hinterkopf" mitdenke, wenn ich mit Patient*innen in meiner Praxis zu einem kreativen Austausch kommen will. Es gründet in physiologischen Zusammenhängen, ist praktikabel und hat sich

[4] ein- und weiterführend vgl. hierzu zum Beispiel Hobert, Die Medizin der Aborigines, 2007

bewährt. Und für diejenigen, die sich einerseits daran gehindert sehen oder sich daran hindern, sich „gut" zu fühlen, andererseits gerne darüber nachdenken wie sie das machen und warum das so ist, teile ich das Modell hier mit.

Dabei geht es um die grundlegende Erkenntnis, dass Funktionsstörungen des Organismus (des Individuums als Ganzheit, nicht um eine Über-/Unterfunktion der Schilddrüse oder Epilepsie etc.) durch Kontaktunterbrechungen mit seiner Umwelt und mit sich selbst ausgelöst werden können und dass sich diese Kontaktunterbrechungen in einer Systematik erfassen und beschreiben lassen.

Das Modell ist unter dem Begriff „Gestaltwelle" vor allem in der gestalttherapeutischen Arbeit zentral, geht auf Fritz Perls, Ralph Hefferline und Paul Goodman in den 50er Jahren des 20. Jahrhunderts zurück und wurde später von Joseph Zinker (1977), Stefan Blankertz und anderen weiterentwickelt. Perls war in den Grundlegungen seiner Reform der Psychotherapie unter anderem und an zentraler Stelle von biologischen, physiologischen Grundlegungen der Existenz und menschlichen Bedürfnissen ausgegangen, deren Befriedigung er als zentrales Movens einer gesunden Lebensführung und einer angemessenen Lebenshaltung erkannte und beschrieb. Damit bekamen Gestalttherapeuten ein Modell, das es ermöglicht, die Ebene des Phänomenologischen, des direkt Beobachtbaren tatsächlich im Vordergrund zu belassen und das es möglich macht, bis dahin so genannte „Neurosen" – sagen wir einfacher „Befindlichkeiten" in einem zunächst „normalen/gesunden" Rahmen zu verorten. (Nicht nur) nach gestalttherapeutischer Auffassung steht die Herstellung von Kontakt zur Befriedigung von Bedürfnissen im menschlichen Dasein an zentraler Stelle: am elementarsten bei der Nahrungsbeschaffung und –verwertung. Darüber hinaus aber auch in allen anderen Interaktionsverläufen. Und dieser Kontaktverlauf unterliegt einer bestimmten Gliederung: Vorkontakt – Kontakt mit dem eigenen

Bedürfnis – Kontakt mit der Umwelt – Aggression – Assimilation/Integration – Nachkontakt.

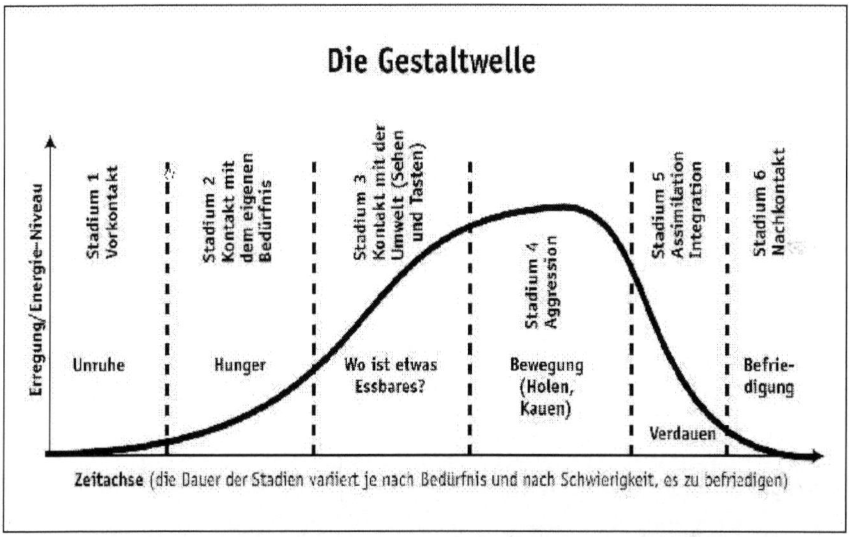

Er setzt ein, wenn wir unruhig werden, wenn unsere Konzentration auf den gerade aktuellen Kontakt nachlässt, wenn wir aber noch nicht wissen, was uns fehlt. Wir könnten in einem weiteren Schritt feststellen, dass wir hungrig sind (oder einsam, traurig, freudig erregt ...) und daher in einen neuen Kontakt mit der Umwelt treten wollen, z.B. im Kühlschrank nachschauen, ob da noch etwas Essbares liegt (oder Gesellschaft suchen, den Anlass zur Trauer bewusst werden lassen oder ein freudiges Ereignis feiern wollen). Wir könnten weiterhin den Apfel (das Brot, die Wurst ...) aus dem Kühlschrank nehmen und reinbeißen (oder die Dame/den Herren am Nebentisch endlich ansprechen, das Bild eines Verstorbenen hervorholen oder zum Friedhof gehen oder das Schreiben der Lottogesellschaft öffnen, das unseren stattlichen Gewinn verbrieft und ein Glas Sekt trinken). Wir würden uns – wenn alles gut geht - anschließend wieder hinsetzen und den Apfel verdauen (die Telefonnummer der Dame/des Herren am Nebentisch in unserem Handy speichern, die Trauer abklingen lassen, wenn wir uns vorläufig lange genug an den Verstorbenen erinnert haben, Überlegungen anstellen, wo der Gewinn am besten zu investieren ist). Und wenn wir diese Stadien gut durchlaufen haben, dann wären wir zunächst zufrieden/befriedigt, ruhig – bis zum nächsten Kontakt, der neue Unruhe schafft. Wir hätten den abgeschlossenen Kontakt vollständig und gesund durchlebt und unser Bedürfnis befriedigt. Wenn wir unser Leben oft in solchen gut durchlebten und abgeschlossenen Prozessen führen, wird es uns wahrscheinlich gut gehen. Wir werden vielleicht sogar mit dem gebrochenen Bein gut fertig (weil es erholsame Tage auf der Couch, Zeit zum Lesen, die Fürsorge der Umgebung ... mit sich bringt).

Aber das funktioniert nicht immer und viele Menschen leiden darunter, dass es Ihnen nur selten oder gar nicht gelingt, solche Kontakte gut zu durchlaufen. Sie brechen den Kontakt immer wieder ab. Sie könnten zum Beispiel nicht auf die Idee kommen, dass im Kühlschrank noch ein Apfel ist, weil sie dem Hungergefühl keinen Raum geben, es gar nicht spüren (obwohl Fasten gerade kein Thema ist), sie könnten die Dame/den Herrn am Nebentisch um Feuer bitten oder fragen, wo der Bahnhof ist, und sich dann (frustriert) wieder auf den eigenen Platz setzen, weil sie die Person eigentlich gerne näher kennenlernen wollen. Sie könnten ihre Trauer verdrängen wollen und den Fernseher einschalten um sich abzulenken oder den Brief der Lottogesellschaft nicht öffnen und nicht darüber nachdenken, was mit dem Gewinn zu tun ist, weil sie befürchten, es lohne sich ja doch nicht. Sie könnten glauben, ihre Bedürfnisse (z.B. nach Sex) nicht stillen zu dürfen – weil sie das so gelernt haben. Sie könnten glauben, ihr Bedürfnis sei abartig, weil sie das so bei anderen Menschen (noch) nicht wahrgenommen haben, und sich nicht abgrenzen wollen, weil Sie ja dann alleine wären und sich dann einsam und traurig fühlen.

Das können – und das ist wichtig zu wissen – durchaus angemessene Problemverhinderungsstrategien sein. Vielleicht haben diese Menschen gelernt,

Kontakt zu vermeiden, damit sie nicht in (anders scheinbar) unlösbare Konflikte geraten. In gewissem Umfang trifft das ja auch auf jeden von uns zu. Wir sind nicht immer bereit und in der Lage, Kontaktprozesse vollständig und bis zur Befriedigung zu durchlaufen – schön wär's. Aber dauernde Kontaktunterbrechungen können auch eine Lebenslast bedeuten, können ein gutes Leben verhindern, und sie können Krankheiten nach sich ziehen, die dann auch eine medizinische Behandlung erfordern. Hier oder in psychotherapeutischer „Behandlung" geht es darum, bei Vorliegen einer dauerhaften Kontaktstörung doch nochmal andere Lösungsstrategien zu erproben (auch wenn die Kontaktunterbrechung an sich schon eine Lösung sein kann, sie ist nämlich immer auch für etwas gut), um zu schauen, ob das Leben nicht (noch) besser/angenehmer/leichter/erfolgreicher - angemessener - zu meistern ist.

Die Frage, die hier gestellt werden muss, ist die, ob so bleiben soll, was der Patient beklagt aber gelernt hat (meist „nein") – und ob der Patient gewillt ist, etwas Anderes auszuprobieren (meist „jein"). Da beginnt dann die Arbeit … . Da geraten zunächst die Konzentration auf die Wahrnehmung (im Hier und Jetzt) und die (Wieder-) herstellung des Kontaktes mit dem Bedürfnis in den Focus des Beobachters und die Frage stellt sich, ob, wie und wo der Kontakt unterbrochen wird.

Zunächst aber schauen wir uns die Systematik an, die mit der „Gestaltwelle" als Bezugsgröße erarbeitet worden ist. Die Unterbrechungen folgen nämlich einem verstehbaren und damit fassbaren und verhandelbaren Takt.

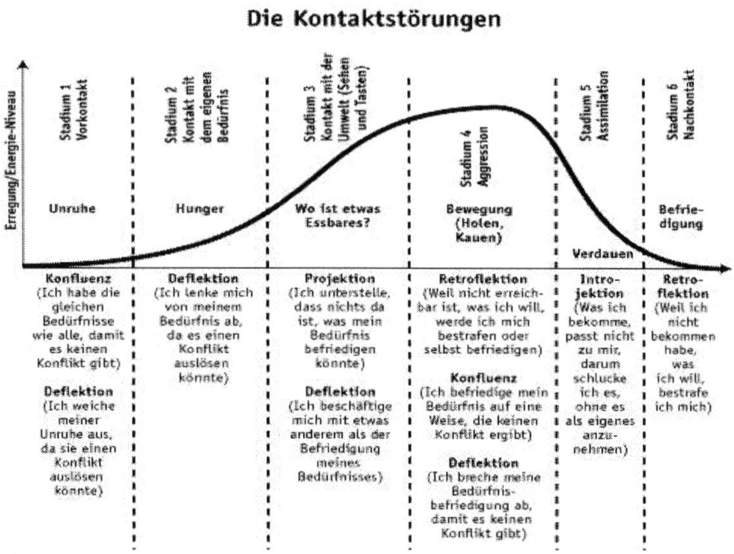

(hier in einer vereinfachten Version. Neuere Darstellung differenzieren die verschiedenen Phasen zusätzlich nach Energieniveaus und kommen damit zu noch genaueren Befunden)

Wir könnten zu Hause auf dem Sofa sitzen, mal starr, mal unruhig sein, und nicht wissen, wie uns geschieht. Und da könnten wir sitzen bleiben, weil wir allem ausweichen, was sich als Gedanke am Horizont ankündigt. Wir würden bereits im Vorkontakt die Segel streichen, um jeglichen Kontakt zu vermeiden und weil das ja Alles doch nichts bringt. Da wäre dann schon der Vorkontakt gescheitert. Ärzte würden voraussichtlich eine depressive Episode (F32 nach dem ICD10) diagnostizieren und evtl. ein Antidepressivum verschreiben (wir würden das dann aber nicht nehmen, weil wir ja auf dem Sofa sitzenbleiben und nicht in die Apotheke gehen). Im System der Kontaktstörungen entspricht das einer Deflektion (also einem Abbiegen vor der Kontaktstelle).

Wir könnten die Dame/den Herrn am Nachbartisch gar nicht ansprechen oder (nur) nach dem Bahnhof fragen statt den Versuch zu unternehmen, ein Gespräch zu eröffnen, um sie/ihn näher kennenzulernen, zum Beispiel, weil wir fürchten, die Person könnte unser Anliegen zurückweisen: dann hätten wir einen

Konflikt. Soweit wollen wir es aber nicht kommen lassen. Auch das ist ein deflektives Verhalten – es sei denn, wir befinden uns in einer Reisegruppe, die insgesamt den Bahnhof sucht. Dann wäre die oberflächliche Frage nach dem Bahnhof ein Konfluenzsymptom, weil sie ja von Allen gestellt werden könnte. Wir befinden uns damit mitten im Mainstream und müssen keinen individuellen Konflikt befürchten. Wir bleiben aber unbefriedigt. Es gibt Menschen, die diese Konfluenz so sehr lieben, dass sie ständig von „wir" sprechen – auch, wenn es dafür gar keinen Anlass gibt (anders hier, wo ich Sie „mit ins Boot holen möchte" und letztlich ja auch Wissen und Erfahrungen beschreibe, die ich mit Anderen teile. Das gelegentliche „wir" hat also einen realen Bezug).

Ich könnte Hunger empfinden, an den Kühlschrank gehen, den Apfel zunächst als essbares Lebensmittel identifizieren, mich dann aber an einen gerade überflogenen Artikel über den Einsatz von Pestiziden im Obstbau erinnern und den Apfel daher nicht essen, weil er ja mein Bedürfnis nach gesunder Nahrung nicht befriedigen würde. Ich könnte das Brot nicht anrühren, weil es aus Weißmehl gebacken ist und daher Krebs erregt und auch die Wurst liegen lassen, weil sie chemisch und moralisch belastetes Schweinefleisch enthält. Dann würde ich hungrig bleiben, weil ich projiziere (nämlich einen vermutlich konflikthaltigen Missstand ungeprüft auf den besonderen Apfel/das Brot/die Wurst im Kühlschrank übertrage, vielleicht sogar, weil ich selbst (chemisch, moralisch) belastet bin und das Gefühl gerne loswerden möchte, indem ich es dem Hersteller der Wurst andichte. Ich könnte stattdessen unter die Dusche gehen oder meine Nikotinfinger schrubben - das wäre zwar vielleicht auch sinnvoll, in Bezug auf den Kontakt mit dem Bedürfnis nach Nahrungsaufnahme aber dennoch eine Deflektion.

Ich könnte im Kontakt zu der Person am Nachbartisch doch ein Stück weit gekommen sein, und ihre Telefonnummer erhalten haben. Am nächsten Tag aber, kurz vor dem Eintippen der Nummer und im Bedürfnis, die Person wiederzusehen, fällt mir ein, dass mein Verhalten als übergriffig bewertet werden könnte und ich versage mir den Wunsch und lege das Telefon beiseite. So ist die Situation für mich leichter zu ertragen. Das wäre Retroflektion, die in autoaggressives Verhalten münden kann. Ein Kontakt mit dem Gegenüber kommt auf diese Weise gar nicht mehr zu Stande. Ich könnte weiter gedanklich um mich selber kreisen, das ist weniger riskant. Ich könnte an dieser Stelle im Kontaktgeschehen auch meine Oma anrufen und ein nettes Gespräch in trauter Gemeinsamkeit führen (Konfluenz) – auch so lässt sich ein Konflikt vermeiden oder feststellen, dass ich ohnehin keine Lust zum Telefonieren habe und damit dem Kontakt ausweichen (Deflektion). Das Gesamtergebnis ist unbefriedigend, weil ich ja eigentlich das Bedürfnis habe, die Person vom Nebentisch wiederzusehen.

Ich könnte – noch weiter fortgeschritten im Kontaktgeschehen und wieder zurück vor dem Kühlschrank – den Apfel nehmen und kräftig hineinbeißen. Der ist gesund, enthält viel Vitamin C – besonders in der Schale – und wer jeden Tag einen Apfel isst, braucht keinen Arzt. Super. Leider schmecken mir Äpfel nicht und die enthaltene Säure verursacht mir Sodbrennen. Wenn ich ihn trotzdem esse, folge ich einer Introjektion, also einer eingeimpften, nicht integrierten Überzeugung, obwohl sie mir schadet. Vitamin C ist auch in anderen Lebensmitteln enthalten. Auch das führt nicht zu einem befriedigenden Kontaktabschluss.

Und letztendlich, wenn der Apfel im Kühlschrank liegen bleibt oder mein Sodbrennen verursacht, die Person am Nachbartisch in Ermangelung meiner Gesellschaft mit jemand anderem ausgeht, die langweilige Fernsehserie vorbei ist, die ich angesehen habe, weil ich nicht traurig sein wollte und der Gewinn an die Lotterie zurückgegangen ist, weil ich mich nicht aufgerafft hatte, den Brief zu öffnen und die Annahme zu bestätigen oder abzurufen, ja dann ist endlich Zeit, mich selbst zu verurteilen, mich zu bestrafen für meine

Dummheit/Faulheit/Inkompetenz/ und meine Feigheit vor dem Konflikt. Ich verharre in Selbstvorwürfen und verbiete mir, einen Versuch zu unternehmen, etwas zu ändern, weil ich es ja nicht wert bin und mir keiner helfen kann. Dann kann ich mich erschöpft aufs Sofa setzen und starr und manchmal unruhig nicht daran denken, wie ich meine Probleme lösen könnte.

Spätestens an dieser Stelle wäre dann doch der Gang zum Psychotherapeuten anzuraten – dann aber bitte vorher das erste Kapitel zu diesem Buch lesen! Allerdings erfordert das, mit diesem Kapitel und dem enthaltenen Lösungsangebot Kontakt herzustellen ... und wenn das auch nicht geht – ja, dann wird es ernst. (Im Notfall gibt es die Telefonseelsorge unter der Nummer: 0800/111 0 111, Dein Anruf ist kostenfrei und der Kontakt niederschwellig – Du brauchst (fast) nichts zu sagen und da kannst Du gar nichts falsch machen).

Ich gehe aber davon aus, dass Ihr nicht in dieser ernsten Situation seid. Immerhin habt ihr diesen Ratgeber gekauft oder beschafft und bis hierhin gelesen. Ihr steht also mitten im Kontakt mit dem Thema. Und daher könnt Ihr Euch an dieser Stelle kurz fragen, ob Ihr die eine oder andere Kontakt-"störung" im Leseverlauf an Euch wahrgenommen habt. Es könnte ja sein, Ihr habt das Buch mehrfach weggelegt, weil Ihr Euch lieber ablenken lassen wolltet als Euch zu konzentrieren, oder Ihr habt das Alles ohnehin schon gewusst und habt den gleichen Blickwinkel – dann sind wir zwar einer Meinung, aber Eure Investition in dieses Buch war überflüssig. Ihr könntet auch das Gefühl haben, dass ich Euch und Eure Probleme nicht ernst nähme (weil ich Euch manchmal zum Schmunzeln bringe – und das darf ja nicht sein in der Lebensberatung oder –therapie. Das ist unmoralisch.) Ich frage dann aber zurück, ob es sein kann, dass Ihr Euch selbst nicht ernst nehmt ... . Und ob Ihr vielleicht dieses Gefühl loswerden wollt und daher mir unterstellt.

Es könnte auch sein, dass Ihr weder diese Art der Beratung schätzt (weil

Ratgeberliteratur unseriös sein muss oder jedenfalls nichts bringen kann) – obwohl ihr das hier eigentlich ganz gerne lest – noch jemals so ein Buch kaufen würdet – Ihr habt es nur bei der Freundin auf dem Tisch gesehen und blättert es grade mal so durch … . Trotzdem klar, dass das nichts bringt. Nur teilt ihr das lieber nicht mit, weil sonst der Verdacht entsteht, ihr hättet es nicht verstanden oder – noch unangenehmer – ihr hieltet Euch für schlauer.

Das alles wären Lösungsstrategien! Wenn Ihr damit gut leben könnt, dann passen die. Ihr braucht nicht weiterzulesen. Legt das Buch zurück und ruft lieber die Person vom Nachbartisch an oder schaut nach, ob Ihr im Lotto gewonnen habt. (Oder spielt wenigstens Lotto oder esst einen Apfel, der ist gesund!) Ich möchte Euch die kreative Kehrseite dieser so definierten Kontakt-„störungen“ oder Funktionen aber auch darstellen. Auch deshalb, weil das System gerade daher seinen besonderen Reiz, seine Umgangsfreundlichkeit und für meinen Geschmack seine angenehme Dynamik bekommt. Es geht hier eben nicht nur um ernste Gesichter, unverständliche Diagnosen, Ärzte in weißen Kitteln, um Nebenwirkungen irgendwelcher Medikamente, unpersönliche Wartezimmer, Krankschreibungen und Leid und Schmerz bis zum Abwinken (dazu kommen wir später). Es geht auch um die besonderen Fähigkeiten, die diese Unterbrechungsfunktionen umfassen und ermöglichen.

Wer deflektiert und damit Konflikten aus dem Weg geht, dass er (nur) nach dem Bahnhof fragt, gerne, lange und unterhaltsam über das Wetter redet, das Weltgeschehen (das ihn selber kaum betrifft) episch kommentiert und (oberflächliche) Komplimente macht, gilt erstmal als umgänglicher – vielleicht auch gebildeter - Mensch und ist als Diplomat die erste Wahl. Denn „smalltalk“ ist sicher besser als Krieg. Und der kann manchmal das eigentliche Thema sein. „Smalltalk“ gibt Zeit zum Einschwingen aufeinander auf energetischer oder mentaler Ebene und kann daher Raum für Problemlösungen schaffen. Man muss nicht immer mit der Tür ins Haus fallen.

Wer projiziert und damit Konflikte vermeidet, dass er der Wirklichkeit (und seinem Gegenüber) seine Phantasie (seine guten oder schlechten Gefühle) überstülpt, wird vielleicht gute Romane schreiben, Bilder malen oder Musik komponieren. Er wird zumindest künstlerischen Erfolg verbuchen können – auch, wenn seine Kommunikation mit Anderen irgendwann zusammenbricht, weil die ja nicht authentisch reagieren können, sobald ihnen etwas unterstellt wird. Daher verschwindet der eigentliche Konflikt. Da baut sich dann aber schnell eine Spirale an Missverständnissen und damit ein neuer Konflikt auf. Das kann auf hohem sprachlich-geistigem, unterhaltsamem oder witzigem Niveau ablaufen. Projektionen bringen Farbe in den Alltag und liefern z.B. Comedy-Artisten ihre Nahrung.

Retroflektiv ist ein Mensch, der sich selbst – nach reiflichem oder eben nach überreiflichem Nachdenken – bewertet und darin verharrt. Er kann sich als Engel auf ein Podest stellen und über Allem schweben, schon weil er viel zu gut ist für diese Welt. Aus dieser Perspektive urteilt er und befreit sich damit aus dem Konflikt. Er kann sich aber auch verteufeln. Aber eines ist sicher: der Mensch denkt über sich nach. Er ist kein hohler Schwätzer. Er denkt und Denken ist an sich ein retroflektiver Prozess. Er befasst sich mit Schuld, Moral und Verantwortung – kehrt aber die daraus hervorgehenden Impulse grundsätzlich gegen sich. Verantwortliches Handeln beinhaltet, gegebenenfalls Schuld und Fehler einzugestehen. So weit so gut. Den moralischen Maßstab, den man an andere anlegt, muss man auch für sich selbst gelten lassen, also »retroflektieren« können. Schön. Aber der retroflektive Mensch gelangt nicht zum Gegenüber. Er bleibt *„sein eigener Nikolaus, sein eigenes Liebesverhältnis"*. Er bleibt in sich gefangen, *„indem er die Manipulation seines Selbst an die Stelle dessen setzt, was er als vergebliches Verlangen nach der Aufmerksamkeit anderer begreift. Dennoch kann die retroflektive Aktivität im günstigsten Fall ein Selbstkorrektiv darstellen, indem sie den tatsächlichen Begrenzungen oder Gefahren* *entgegenwirkt, die der spontanen Natur des Menschen inhärent sind." (E. u. M. Polster).* Das ist leider nicht viel bei meist erheblichem Gedankenaufwand und Stress.

Konfluent wird der Mensch am Besten – wenn schon - im Bett. Denn in der intimen und sexuellen Begegnung mit einem Partner*in kann Konfluenz die Szenerie vertiefen und den Grad der Erfüllung steigern. Hier ist sie am Platz! Denn wie alle Kontaktstörungen erfüllt auch die Konfluenz in gewissen Zusammenhängen eine wichtige Funktion. Im weiteren Zusammenhang ermöglicht sie gute Stimmung, Gemeinsamkeit und Zusammenhalt in der Gruppe. Da ist es oft hinderlich, sich stets abzugrenzen oder auf dem eigenen Standpunkt unnachgiebig zu beharren.

Introjektionen können überlebenswichtig sein, weil sie schnell und zuverlässig Verhaltensnormen zur Verfügung stellen, auf die wir – etwa bei Zeitmangel – zurückgreifen können. Wir alle haben seit dem Säuglingsalter Nahrung und Verhaltensmuster introjiziert bekommen und aufgenommen, weil wir da noch nicht in der Lage waren, eigene Aggressionen zielgerichtet für die individuelle Anpassung der Vorgaben abzurufen. Den Mechanismus kennen wir also gut. Wer Lebensregeln verinnerlicht hat, verfügt a priori über ein Reservoir an Handlungsempfehlungen. Das kann das Leben in bestimmten Situationen einfacher und überschaubarer machen. Introjekte werden erst hinderlich, wenn sie sich im Laufe des Lebens als individuell unbrauchbar herausstellen und wir dennoch starr an ihnen festhalten. Die meisten von uns sind etwa mit der Vorstellung groß geworden, dass Milch zu den gesündesten Grundnahrungsmitteln gehört. Ich kenne auch niemanden, der an Milch gestorben wäre. Was aber, wenn wir unter Lactoseintoleranz leiden? Generationen haben sich nicht dagegen gewehrt (sogar „Ötzi" hat nachweislich schon darunter gelitten). Und Alternativen wurden nicht angeboten. Wir wussten nicht, wie verbreitet die Unverträglichkeit ist. Es wird also immer darauf ankommen, Introjekte zu identifizieren und nur dann zu aktivieren, wenn wir (so schnell) keine eigenen Normen/Mittel formulieren/bereitstellen können.

Wir haben in diesem Kapitel die Unterscheidung zwischen „Krankheit" und (anderen) „Funktionen" oder „Funktionsstörungen" behandelt, zwischen dem gebrochenen Bein/Bandscheibenvorfall/Verbrennungswunden und dem Bewusstsein, erkrankt zu sein. Dabei beziehen sich „Funktionsstörungen" nicht auf die in der Psychologie definierten „Persönlichkeitsstörungen", sondern auf Kontaktunterbrechungen nach ihrer Klassifizierung im Modell der „Gestaltwelle". Dabei nehmen wir „Befindlichkeiten" und Prozesse in den Blick, die dem guten Lebensimpuls der Betroffenen entgegenstehen oder diesen stören, verhindern, hemmen oder ganz zum Erliegen kommen lassen. Und wir haben diese Unterbrechungen bzw. diese Funktionen von zwei Seiten aus betrachtet: hinsichtlich ihrer hemmenden und im weiteren Sinn krankmachenden Eigenschaften und Folgen sowie hinsichtlich ihrer immer auch immanenten Nützlichkeit. In unserem Ratgeber soll es im Folgenden auch darum gehen, Wege und Methoden aufzuzeigen und zu erarbeiten, mit denen diese Befindlichkeiten stärker ins Bewusstsein genommen werden können, mit denen die Awareness gegenüber den eigenen Verhaltensweisen trainiert werden und diese für einen „guten" Verlauf, ein besseres, angemessenes Lebensgefühl nutzbar gemacht werden können.

Begriffserklärungen:

Kontakt-Funktion-Störung: Die Begriffe Kontakt, Kontaktfunktion, Kontaktstörung/unterbrechung und Funktion bzw. Funktionsstörung werden im Zusammenhang hier wie folgt gebraucht: Kontakt bezeichnet als zentraler Begriff der Gestalttherapie den Prozess des Austauschs zwischen Organismus und Umwelt. Er stammt vom lateinischen „contigere" und bedeutet soviel wie „berühren". Der Begriff Kontaktfunktion ist davon sozusagen eine Ableitung, er beschreibt, wie dieser Austauschprozess angelegt ist, wie die Beziehung zwischen Individuum und Kontaktebene „funktioniert" oder eben unterbrochen wird. Bei der Funktion oder Funktionsstörung stehen die Abläufe bzw. die Unterbrechungen im Vordergrund der Betrachtung. Dabei ist der Begriff „Störung“ an sich problematisch, weil er suggeriert, dass hier etwas repariert werden müsste. (Dass diese „Störungen“ durchaus als Lebensbewältigungsmuster akzeptiert werden könnten, wenn sie nicht dominant werden, gerät dabei aus dem Focus.)

Selbstregulierung: *„Der Begriff bezeichnet einen Vorgang, der sich von innen her reguliert, ohne von außen gesteuert zu werden. Ein alltägliches Beispiel ist die Abschaltung der Wasserzufuhr, wenn der WC-Kasten nach Betätigung der Spülung voll ist. Durch einen Schwimmer wird das Weiterfließen des Wassers unterbrochen. In der Kybernetik wird dieser Vorgang »Rückkoppelung« genannt.*
Selbstregulierung findet nicht nur in technischen, sondern auch in biologischen Zusammenhängen statt und heißt dann zur Unterscheidung von der mechanischen oder technischen Selbstregulierung die »organismische (alternativ: organische) Selbstregulierung (alternativ: Selbstregulation)“ ...
„Der Begriff der Selbstregulierung ist über lange Zeit hinweg eher belächelt worden. Wenn er aus dem mechanischen Zusammenhang heraus entwickelt wurde (»Kybernetik«), warf man ihm Technokratie vor. Wenn er aus dem natürlichen Zusammenhang heraus entwickelt wurde (»Gestalttheorie«, »Holismus«), warf man ihm Biologismus vor. Das ist auch nur konsequent, denn im Begriff der Selbstregulierung steckt eine politische Provokation, die sich gegen die zentrale (staatliche) Regulierung sozialer Verhältnisse richtet. Nachdem sich nicht nur in der Biologie, sondern auch in der Physik das Konzept (»Paradigma«) von Selbstregulierung bzw. Selbstorganisation durchgesetzt hat (z.B. die Selbstorganisation im Laserstrahl), ist der Begriff aus seiner belächelten schmuddeligen Ecke herausgekommen und hoffähig geworden.“ (Lexikon der Gestalttherapie)

Interessantes:
„Ich würd ja wollen, wenn ich nur könnt.“ Folien im Internet unter https://de.slideshare.net/jochenguertler/ich-wrd-ja-wollen-wenn-ich-nur-knnt (zuletzt aufgerufen am 12.01.2020) und dazu ein – wie ich meine – wesentliches Zitat von Arnold Beisser *„Veränderung geschieht, wenn jemand wird, was er ist, nicht, wenn er versucht, etwas zu werden, was er nicht ist. Veränderung ergibt sich nicht aus dem Versuch des Individuums oder anderer Personen, seine Veränderung zu erzwingen, aber sie findet statt, wenn man sich*

die Zeit nimmt und die Mühe macht, zu sein, was man ist; und das heißt, sich voll und ganz auf sein gegenwärtiges Sein einzulassen."[5]

[5] Beisser, Wozu brauche ich Flügel, 1997

Wer oder was ist schuld?

über Schuld und Verantwortung

Mit dieser Frage gerate ich und geraten wir (wenn Ihr mir folgen wollt) in einen äußerst dynamischen Strudel alltäglicher häuslicher, alltäglicher beruflicher und ethischer, vielleicht auch religiöser Konstellationen, Gefühle und Gedanken, die eins gemeinsam haben, sie sind meist sehr unangenehm. Denn schuld zu sein ist eine Last und Schuld zu verteilen macht meistens auch keinen Spaß, weil da Konflikte vorausgehen, die nicht anders gelöst werden konnten – und die damit meist auf der Strecke – mithin ungelöst - bleiben. Schuld wird gemeinhin als Ursache von etwas Bösem betrachtet. Aber was und wer „böse" ist, bleibt oft unklar.

Dabei ist der Begriff „Schuld", so fragwürdig er bei näherer Betrachtung erscheint, in unserer Gesellschaft zentral – offensichtlich ein Allerweltsgefühl. Das Strafrecht etwa gründet auf dem Prinzip: „nulla poena sine culpa" (Keine Strafe ohne Schuld). Daher wird gelegentlich die „Schuldfähigkeit" eines Angeklagten gutachterlich beurteilt. Und es wird kaum eine Woche vergehen, wo ihr Eurem/Eurer Lebenspartner*in nicht zumindest verhohlen den Vorwurf macht, an irgendetwas „schuld" zu sein. Im beruflichen Alltag gehört es zu den selbstverständlichen Gepflogenheiten von Vorgesetzten, auf „Schuld" hinzuweisen und in der einen oder anderen Form Sühne einzufordern. Dabei ist „Schuld" sowohl extrem ungesund also auch kein „echtes" Gefühl. Dazu später. Nicht einmal ihre Existenzbedingungen sind hinreichend geklärt. Denn „Schuld" setzt freien Willen voraus – und ob es den geben kann, darüber streiten bis heute zumindest die gelehrten Philosophen, Ethiker, Juristen, Theologen, Neurologen und Psychologen. Ist „Unschuld" die Alternative und ist die frei wählbar? Ist Keuschheit gut oder böse oder gut oder böse in Abhängigkeit von einem Kontext? Nichts ist gleichzeitig so fragwürdig und hinderlich wie „Schuld". Um

„Entschuldigung" zu bitten, gehört zu den Grundmustern menschlicher Kommunikation, wobei allerdings meist vergessen wird, darum zu bitten. „'Tschuldigung" oder „ich entschuldige mich" sind geläufiger – obwohl widersinnig. Das fällt aber kaum jemandem auf. „Schuld" steckt tief im dichten Geflecht moralischer Bewertungen und ist eng mit Schamgefühlen verbunden. Sie ist in Religionen fest verankert, sie ist existenziell. Wer sich schuldig fühlt, braucht oft sehr viel Energie, um sich von ihr zu lösen – wenn das denn überhaupt geht. Vielfach beziehen sich Schuldgefühle auf Vergangenes, auf Verhaltensweisen, die nicht mehr gutzumachen sind. Die bleiben dann unsühnbar auf dem Schuldkonto bestehen. Wer viel „Schuld" trägt, verpasst das Leben, zum Beispiel, wenn er zu recht eines Mordes oder Totschlags „schuldig" gesprochen wird. Wer sich nicht schuld fühlt, wird dessen oft beschuldigt.

Insofern erscheint mir der (existentielle) Schuldbegriff zumindest fragwürdig: denn wir sind wahrscheinlich dahingehend einig, dass Neugeborene noch ohne Schuld sind (es sei denn, sie bringen Schuld aus einem Vorleben mit – das will ich nicht ausschließen aber auch nicht behaupten). Dann stellt sich die Frage, wie kommt Schuld in den (neugeborenen Menschen) hinein. Genetisch? Epigenetisch? Mittels sozialer Prägungen? Durch die Schuld Anderer – dann wäre sie ja immerhin auf der (jeweiligen) „Gegenseite" zu verorten? Werden Schuldgefühle gelernt?

Ohne Zweifel gibt es Schuldgefühle. Woher kommen die? Können wir „Schuldgefühlen" entrinnen? Schicksalsfragen ... die weit hinein führen in ethische, theologische und philosophische Auseinandersetzungen, die wir hier nicht führen wollen.

Wir können uns aber ansehen, wie sich unser aktuelles Schuldgefühl darstellt und wie wir es umwandeln können. Dazu zitiere ich eine Übung von John O. Stevens: *„Schließen Sie die Augen, setzen Sie sich bequem hin und lassen Sie sich etwas Zeit, mit Ihrem Körper in Fühlung zu kommen ... Rufen Sie sich eine*

Situation ins Gedächtnis, die Ihnen ein Schuldgefühl verursacht ... Vertiefen Sie sich in diese Situation, so, als wäre sie gegenwärtig ... Erinnern Sie sich an alle Einzelheiten ... Wo sind Sie? ... Ist jemand bei Ihnen? ... Was geschieht? ... Was tun Sie – genau – woher kommt hier das Schuldgefühl? ... Wie ist Ihnen zumute? ... In welchem Teil Ihres Körpers empfinden Sie eine Spannung oder ein Unbehagen? ...

Nun stellen Sie sich den Menschen vor, dem Sie zuallerletzt von Ihrer Schuld erzählen würden, den Menschen, der sich am meisten aufregen oder ärgern würde, wenn er oder sie davon wüsste ... Stellen Sie sich vor, dieser Mensch wäre jetzt anwesend und würde Sie anschauen.

Versuchen Sie, diesen Menschen genau ins Auge zu fassen, in Einzelheiten ... Wie sieht er aus? ... Was für Kleider trägt er? ... Was für einen Gesichtsausdruck hat er? ... Stellen Sie sich nun vor, dass Sie diesem Menschen genau erzählen, worin Ihre Schuld besteht. Sprechen Sie sich aufrichtig und direkt aus und seien Sie sich dieser Direktheit voll bewusst. Sagen Sie im Stillen: „Mary, ich möchte Dir erzählen, was ich getan habe" – Wie ist Ihnen dabei zumute? ...

Wechseln Sie nun die Rolle, verwandeln Sie sich in den anderen und sprechen Sie mit sich selbst so, als seien Sie jener andere. Was antworten Sie, wenn Sie in dieser Rolle zuhören ... Wie ist Ihnen zumute, wenn Sie diesem schuldig Gewordenen antworten? ... Setzen Sie den Dialog eine Zeit lang fort ..."

und dann machen Sie die folgende Übung (ebenfalls zitiert nach John. O. Stevens.)

„Seien Sie nun wieder Sie selbst und sprechen Sie mit dem (imaginierten) Partner über die Verstimmung, die Ihrem schuldhaften Verhalten vorausging. Vielleicht haben Sie zum Beispiel in Opposition zu einem Wunsch Ihrer Eltern gehandelt, weil Ihre Eltern Ihnen „Vorschriften machten" oder Sie „wie ein Kind behandelten" oder etwas dergleichen. Nun also erzählen Sie dem Partner, worin Ihr Ressentiment bestand, was Sie gesagt oder getan haben und wo in jener

Situation Ihre Schuld lag ... Sprechen Sie direkt und aufrichtig ... Wie ist Ihnen zumute? ...

Wechseln Sie die Rollen und antworten Sie als Partner auf das eben Gesagte. Wie würden Sie an seiner Stelle auf Ihre Schilderung antworten? ... Vertiefen Sie sich in diese Rolle – was sagen Sie? ... Was empfindet Ihr Körper dabei? ... Setzen Sie den Dialog fort ...

und dann machen Sie die folgende Übung (ebenfalls zitiert nach John. O. Stevens)

„Seien Sie wieder Sie selbst und geben Sie Ihrer Forderung Ausdruck, die das Ressentiment ausgelöst hat. Z.B. wenn Ihr Ressentiment hieß: "Ich wehre mich dagegen, wie ein Kind behandelt zu werden", dann hieß Ihre Forderung: „Behandelt mich wie einen Erwachsenen" oder „lasst mich in Ruhe!" Sprechen Sie diese Forderung klar und scharf aus, als wären es Befehle, die Sie austeilen ... Wie empfinden Sie das in Ihrem Körper? ... Tauschen Sie die Rollen und antworten Sie auf diese Forderungen als der andere. Was sagen Sie und wie fühlen Sie sich in der Rolle dieses anderen? ... Setzen Sie das Zwiegespräch fort, indem Sie nach Bedarf die Rollen wechseln. Stellen Sie einen ehrlichen Meinungsaustausch her ..."[6]

Nun könnt Ihr überlegen, wie Euch in der einen und in der anderen Rolle zumute war, wie sich Eure Gefühle im Wechselspiel verändert haben. Besonders interessant ist vielleicht die Entdeckung der Forderungen und ihr Bezug?

Wir können aus unserem (in Teilen lösungsorientierten) Blickwinkel etwas sagen zum Thema „Schuldgefühle". Wir können Fragen stellen und Überlegungen anstellen, wie wir mit ihnen umgehen. Kann es Sinn unseres Lebens sein, viel Energie auf die Bewältigung von Schuldgefühlen zu verwenden, wenn gar nicht klar ist, ob Schuld überhaupt existiert und was das ist? Landen wir dann nicht automatisch bei Adam und Eva?, bei der Ursünde?, bei der Beichte oder bei einer

[6] Stevens, Die Kunst der Wahrnehmung, 128f.

Religion, die uns Erlösung anbietet? bei der Frage, ob meine Großmutter (mit)schuld ist am Holocaust (wahrscheinlich jein) oder ob ich (mit)schuldig bin an der Zerstörung unserer Umwelt (gefühlt: jein), am Tod von tausenden von Migranten im Mittelmeer (gefühlt: jein). Ist jemandem (einschließlich mir) geholfen, wenn ich mich schuldig fühle? Ist „Schuld" ein überlebtes Konzept? Kulturkreisabhängige Alternativen wie das „Karma" liefern auch Konzepte, mit denen sich das, was wir „Schuld" nennen, näherungsweise fassen aber möglicher Weise anders verarbeiten lässt. Lässt das Konzept „Schuld" überhaupt eine Lösung zu?

Ich habe die voranstehenden Fragen und Überlegungen gestellt und angestellt, weil ich mit Menschen zu tun habe, die sich schuldig fühlen. Und weil ich gelegentlich mit denen arbeite – so mein Auftrag – und weil ich einen Ratgeber schreibe, in dem ich mich nicht um diese Fragen drücken will. Ich will aber darauf hinweisen, dass allein die Positionierung gegenüber dem Begriff „Schuld" so tief in geistige Konzepte, Religionen, verschiedene Moralvorstellungen, Überlebenskonzepte, reale und kollektive Schuld führt, dass es mir unmöglich erscheint, vor der Macht der hieraus resultierenden Normen und Gefühle therapeutische Interventionen zu kreieren oder ratgebende Impulse für ein „angemessenes" Lebensgefühl zu formulieren. Ich muss mich auf das weniger existenzielle aber individuelle „Schuldgefühl" beschränken. So ähnlich, wie ich (auch nicht für mich) die Gottesfrage entscheiden kann, bevor ich etwas glaube. Dabei muss ich in Kauf nehmen, mit der existenziellen Unsicherheit in diesen Fragen in Kontakt zu sein und zu bleiben, denn die stellen sich immer wieder. Ich kann aber dennoch an Gott glauben oder nicht. Und ich kann mich im Rahmen dieses Glaubens mehr oder weniger angemessen fühlen und verhalten. Ich kann auch versuchen, „Schuldgefühle" zu be- und zu verarbeiten, so dass ein angemessenes Lebensgefühl möglich wird.

Es gibt Vertreter meiner Zunft, die „Schuld" grundsätzlich ablehnen –

vielleicht auch aus ähnlichen Gründen wie ich, der ich mich im Lösungsprozess bei „Schuldgefühlen“ von existenzieller „Schuld“ zu distanzieren versuche. „Schuld“ sei gar kein „echtes“ Gefühl, weil ihr der klare Bezugsgrund fehle. Das wird vielleicht deutlich, wenn Ihr Euch eine (beliebige) Schuldfrage stellt. Also zum Beispiel fragt, ob Ihr Euch schuldig fühlt für die missliche Lage eines asylsuchenden Nachbarn - etwa, weil er gerade eine Ausreiseverfügung bekommen hat, die Ihr ihm übersetzt habt. Da gibt es sicher Einige unter Euch, die jedwedes Schuldgefühl unterdrücken (oder eben nicht empfinden). Es wird aber auch Einige geben, die durchaus (Mit)schuld fühlen und die Sachlage aus ihrem Blickwinkel reflektieren, und es wird Einige geben, die eine ganze Schuldkette überblicken und dann konsequent auch nicht davor zurückschrecken, diese über den Urknall hinaus ins nirgendwo zu verlängern. Die Frage hier wäre erstens die nach Eurer Motivation, zweitens aber auch dahingehend zu erwägen, ob Ihr überhaupt eine Handlungsoption habt – wenn nicht bleibt das Empfinden der eigenen Ohnmacht und Schwäche – und die ist auf Dauer ungesund oder zumindest unangemessen.

Hingegen scheint mir das Gefühl der Überlebensschuld sehr real. Ich kann mir vorstellen, dass das Gefühl, eine nahe stehende Person zum Beispiel bei einem gemeinsam erlittenen Unfall verloren zu haben, die Frage nach sich zieht: warum sie und nicht ich? Und dass aus dem gefühlt unverdienten Privileg des eigenen Überlebens ein Schuldgefühl resultiert. Das hat auch einen klaren Bezug, nämlich das individuelle Erleben des Überlebens im Gegensatz zum Erleben des Todes der nahe-stehenden Person. Zufall oder Schicksal sind so abstrakt, dass es ganz natürlich ist, wenn wir an dieser Stelle eine persönliche Schuld konstruieren, die uns – und das erscheint mir wesentlich – ja auch mit der Person, die nun plötzlich nicht mehr ist – verbindet. Wir bleiben über das Schuldgefühl mit ihr verbunden, in Kontakt, und das ist tröstlich und ermöglicht Trauer. Und die ist angemessen.

In allen anderen Fällen bemühe ich mich darum, auf der Ebene des Phänomenologischen, also der offensichtlichen Verhaltenskonflikte, der nachvollziehbaren Kontaktunterbrechungen, zu bleiben und eben kein Urteil über Schuld und Unschuld anzustreben. Nicht beim Patienten und nicht bei seiner sozialen Umgebung, schon gar nicht bei der Weltlage und meist auch nicht bei den Verfehlungen innerhalb der Herkunftsfamilie.

Die Alternative heißt, schon rein rhetorisch, (Selbst)verantwortung. Schon deshalb, weil Verantwortung mit Zugehörigkeit verknüpft ist – also vorab Bezüge herstellt zum Individuum und zunächst nicht wertet. Ich verantworte, was mir zugehörig ist (warum auch immer), was zu meinem Zuständigkeitsbereich, zu meinem Ressort und zu meinen Obliegenheiten gehört, aber eben nicht weltpolitische Fehlentwicklungen oder die Vergabe von Schuld an jemand anderen.

Verantwortung sind Grenzen immanent (zu denen ich später komme), abstrakte „Schuld" kann ausufern. Meine Verantwortung ist etwas, zu der ich mich halten kann, wo ich Position beziehen kann, sie bleibt konkret. Ich habe Handlungsoptionen. Das alles leistet „Schuld" nicht.

Fühlt ihr Euch schuldig – und wenn ja, wofür? Seid Ihr die „Bösen" in einem ursächlichen Zusammenhang? Seid Ihr schuld an einem beklagenswerten Lebensumstand? – Eurer Beziehungsunfähigkeit, der bevorstehenden Insolvenz, Eurer Scheidung, an Suchtproblemen (des Partners/der Partnerin, der Kinder)? Daran, dass Tiere gequält, langzeitarbeitslose Mitmenschen diskriminiert, Migranten ausgegrenzt oder ihrem Schicksal überlassen bleiben, an den Feuern in Australien und der Todesstrafe in China? An der Einsamkeit Eurer Nachbarin? Am Scheitern Eures Kollegen?

Macht es vielleicht Sinn, hier zunächst einmal die Zugehörigkeit zu Euren Belangen zu überprüfen? Die Frage zu stellen, ob und wie Ihr Verantwortung übernehmen könnt, wollt, müsst? Ob das überhaupt zu Euren Obliegenheiten gehört oder in Euer Ressort fällt, ob ihr das überhaupt in Euren Zuständigkeitsbereich integrieren könnt?

Vielleicht ist es angemessener, die eigenen Grenzen zu reflektieren und dem Gefühl für sie Raum zu geben, als blind die (Mit)schuld auf sich zu nehmen oder das Unglück (Anderer) verantworten zu wollen? Und dann die eigene Ohnmacht und Schwäche zu spüren?

Begriffserklärungen:

Karma: *„Karma bezeichnet ein spirituelles Konzept, nach dem jede Handlung – physisch wie geistig – unweigerlich eine Folge hat. Diese Folge muss nicht unbedingt im gegenwärtigen Leben wirksam werden, sondern sie kann sich möglicherweise erst in einem zukünftigen Leben manifestieren." (wikipedia)*

Literaturtipps:

Wissen Staemmler in: http://www.gestalt.de/staemmler_krankheit.html (zuletzt aufgerufen am 14.01.2020)

Üben Bucay: Komm ich erzähl dir eine Geschichte: *„Das Leben ist eine komplizierte Angelegenheit. Nicht so sehr jedoch für Jorge Bucay, der als Psychotherapeut das Schwierige erklären muss. Er weiß, wie er Demian, dem neugierigen jungen Mann, der auf seine vielen Fragen allein keine Antwort findet, helfen kann – mit Geschichten: Sagen der klassischen Antike, Märchen aus aller Welt, sephardische Legenden, Sufi-Gleichnisse, Zen-Weisheiten aus Japan und China. Und sollte er wirklich einmal keine passende Geschichte in seinem riesigen Fundus haben, dann erfindet er eben selbst eine. »Bucays Buch ist voll von zauberhaften Geschichten, die einem helfen, sich selbst zu helfen."" (Jorge Bucay ,amazon)*

Interessantes: ein weiterer, bemerkenswerter Zusammenhang -

„Nichts taugt Ungeduld,
Noch weniger Reue;
Jene vermehrt die Schuld,
Diese schafft neue."

(Goethe, J. W., Gedichte. Ausgabe letzter Hand, 1827. Sprichwörtlich)

Kontakt und Grenzen

Ich beginne mit den Grenzen, weil ich ja über Kontakt schon Vieles gesagt habe.

Dazu könnt Ihr eine ganz einfache Übung machen. Sucht Euch einen gut erreichbaren Mitmenschen, den Ihr zwar kennt, aber mit dem Euch keine besondere Beziehung verbindet (den Ihr nicht umarmen wollt, dem Ihr aber auch nicht ausweichen müsst, zum Beispiel, weil er in Eurer Wahrnehmung unangenehm riecht). Das kann ein Kollege oder eine Mitschülerin, eine Kommilitonin oder ein Nachbar oder ein entfernter Bekannter sein. Stellt Euch in einem Raum an die gegenüberliegenden Seiten, Haltung und Blick auf den Anderen gerichtet. Und dann lauft auf ein vereinbartes Zeichen aufeinander zu. Bleibt genau an der Stelle stehen, wo sich die Nähe/oder Entfernung des Anderen gerade noch angemessen anfühlt, so dass Ihr bei Euch und in Eurer Ruhe und Mitte bleiben könnt. Nehmt diese Grenze wahr. Nehmt wahr, ob das bei beiden Übungspartnern die gleiche Distanz ist. Wenn nicht, dann sprecht darüber und wiederholt die Übung – evtl. auch mit vereinbarten „Stopp“ Zeichen. Dort, wo Euch der Partner gerade noch angenehm ist, bis dorthin reicht also Eure Grenze im Körperkontakt zu Mitmenschen in der sozialen Umgebung. Das ist wahrscheinlich die Distanz von eineinhalb Armlängen, vielleicht etwas mehr, vielleicht etwas weniger. Macht Euch bewusst, dass es wichtig sein kann, diese Grenze wahrzunehmen, zu markieren, zu schützen und vor allem, zu kommunizieren. Ihr könnt die Übung wiederholen, indem ihr Euch in verschiedenen Rollen aufeinander zubewegt. Abwechselnd vielleicht einen mehr oder weniger Hilfsbedürftigen spielt oder auch einen aggressiven, rücksichtlosen Menschen. Nehmt wahr, ob sich die Grenzen verschieben.

Es gibt ja eine Reihe von Mitmenschen, die schon für diese Grenze kein Gefühl haben – oder ein von Eurem Gefühl abweichendes. Ich empfinde es als sehr unangenehm, wenn mir Mitmenschen aus meinem sozialen und beruflichen

Umfeld bis kurz vor die Nasenspitze auf die Pelle rücken, um mir mehr oder weniger Vertrauliches mitzuteilen. Das kommt vor. Das gibt es auch in den Spielarten: mit Mund-/Körpergeruch und mit feuchter Aussprache. Natürlich fällt es dann schwer, die entsprechenden Kollegen darauf hinzuweisen. Daher versuche ich in der Regel, mein Abstandsgefühl mittels Mimik und Gestik, mittels Körperhaltung oder auch mittels Abstufungen meines augenscheinlichen Interesses am vorgetragenen Thema präventiv zum Ausdruck zu bringen. Das geht meist gut, aber nur dann, wenn ich mir selber über meine Grenze im Klaren bin. Unaufmerksamkeit oder Unklarheit demjenigen oder derjenigen gegenüber, kann als Einladung zur Annäherung (über meine Grenze hinaus) empfunden werden. Ein chronisch missmutiges Gesicht kann aber auch zu Verstimmungen (im Kollegenkreis) führen. Da gilt es abzuwägen.

Gerade diese Grenze ist kulturell geprägt. Während bei „uns" die Begrüßung per Handschlag so ungefähr einen Abstand von eineinhalb Armlängen zulässt (wir werden uns voraussichtlich nicht mit gerade durchgestreckten Armen begrüßen, dann wären es zwei), gilt in Süd- und Osteuropa der Wangenkuss durchaus noch als sozial verträglich und wird gelebt. Für mich ist das immer wieder ein mehr oder weniger überraschendes Ereignis, das mehr oder weniger ambivalente Gefühle hervorruft.

Ich brauche das Gefühl, darüber bestimmen zu können, wer bis zu meiner Haut vordringen darf und wann – und wer nicht oder wann nicht. Ich gehe davon aus und kommuniziere hier als Grundhaltung, dass jeder Mensch ein elementares Recht auf stimmige Grenzen hat, die Grundlage für seine Autonomie und Kontaktfähigkeit sind. Und dass Grenzen setzen wertfrei ist. Dass Menschen in Beziehung zu anderen Grenzen respektieren und die eigenen kommunizieren sollten. Dass diese Grenzen individuell und flexibel sind – und dass Menschen in schwierigen Lebenslagen das Gefühl für diese Grenzen verlieren können. Dann wird „alles zu viel" und verursacht Stress, Aktionismus und Irritationen oder wird im Gegenteil als „zu wenig“ empfunden. Der Mensch findet sich alleine gelassen als Opfer widriger Zeiten und Umstände. „Burnout“, persönlicher und/oder beruflicher Misserfolg, Depressionen und Suchtprobleme können die Folgen sein und sich zu schier unauflösbaren Knoten verdichten.

Es geht also auch hier buchstäblich um „angemessene“ oder „ausgemessene“ Grenzen. Ein erfülltes und gutes, ein dem Individuum angemessenes Leben verläuft in einer mehr oder weniger regelmäßigen Abfolge von Grenzerlebnissen (was nicht heißen soll, in einer fortwährenden Grenzsituation oder im ständigen Ausloten von Grenzerfahrungen im Sinne von irgendeiner Hochleistung). Als Grenze gelten in unserem Modell einerseits die Haut, andererseits die Bewusstseinsgrenze. Und alles, was da in Kontakt mit uns kommt, verhilft uns zu Grenzerlebnissen. Auch deshalb ist es so wichtig, Kontakt nicht zu unterbrechen. Haut und Bewusstseinsgrenze stellen die Kontaktstellen dar, an der „ich“ mich von der Umwelt unterscheiden oder sie assimilieren kann, an der schöpferische Anpassung und Ausgleich möglich werden, an der die „Gestaltbildung“ passiert, an der ich neue Erfahrungen mache, an der (neue) Bewusstwerdung geschehen kann, wo ich lerne und wo ich manchmal abwehren muss, wenn es gefährlich wird oder wenn ich das Gefühl habe, es könnte gefährlich werden. An dieser Grenze kann auch der Ausgleich nötig sein, wenn guter Rat zuviel wird. Dem geht oft Reibung voraus – etwas, was von vielen Menschen schon als Störung ihrer Ruhe ab- oder zurückgewiesen wird.

In der zwischenmenschlichen Kommunikation ist das häufig ein Grund für ihr Scheitern. Wir erleben das aber auch in großem Stil und im sozialen und politischen Umgang mit gesellschaftlichen Randgruppen immer wieder. Da richtet sich der Blick einseitig auf den „Reibungsverlust“, ist ein schöpferischer Umgang mit dem Anderen und Neuen selten erwünscht oder vorgesehen und da wird die Energie, die durch Reibung freigesetzt wird, selten genutzt (dabei erfahrt Ihr schon beim Händereiben, dass da schnell eine Menge Wärme entsteht – die ist ja nicht unnütz, besonders, wenn man kalte Hände hat).

Damit diese Grenzerlebnisse möglich sind und assimiliert werden können, brauchen Menschen Nahrung, Mut, eine möglichst ungehinderte authentische Wahrnehmung und daher guten Kontakt zur Grenze, zu sich selbst. Sie müssen Reibung als Vorstufe und Begleitung des Kontakts akzeptieren und als erstrebenswert empfinden können. Das kann ja schon Aufgabe bei einer ganz „normalen" Begrüßung sein.

Bitte nutze den nächsten Handschlag für ein kleines Experiment: spüre zunächst, ob die Hand Deines Begrüßungspartners warm oder kalt, feucht oder trocken, der Händedruck fest oder weich ist und wie lange er dauert. Was erfährst Du in diesen Momenten über Deinen Begrüßungspartner? Und über Dich? Wenn Du magst, kannst Du der Begrüßung nun die Frage, wie es ihm/ihr geht, folgen lassen. Beobachte dabei, ob und wie Du die im Körperkontakt erworbenen Kenntnisse mit ihrer/seiner Antwort abgleichst. Nimm (am besten bei einer anderen Gelegenheit) den Moment wahr, in dem Du die Hand wegziehen magst und zögere ihn dann noch einen kurzen Augenblick hinaus. Was passiert in diesem Augenblick bei Dir – welche Reaktionen zeigt Dein Gegenüber? Hast Du Deine oder seine/ihre Grenze wahrgenommen? Hast Du sie übertreten?

Gerade bei diesen Übungen zur Erfahrung von Grenzen ist es nötig, eine zweite Person im Raum einbeziehen zu können. Denn es geht ja hier um Kontakt mit jemandem oder etwas – und der ist mit sich selbst nicht herstellbar. Selbstkontakt ist etwas Anderes und bedarf anderer Übungen.

Aber wenn es Euch gelingt, eine zweite – möglichst „neutrale" Person zu so einer Übung zu gewinnen, dann könnt Ihr Folgendes ausprobieren.

Stellt oder setzt Euch irgendwo in den Raum (ihr könnt diese Auswahl schon mit bewusster Wahrnehmung des Raumes und Eurer Auswahlkriterien begleiten). Nehmt eine Kordel oder ein flexibles Seil zur Hand und legt diese Kordel um Euch herum aus. Ist das Eure Grenze? Stimmt der Abstand? Habt Ihr diese Grenze beim

Auslegen manipuliert (etwa, indem Ihr Euch selbst oder Eurem Übungspartner etwas signalisieren wolltet)? Was bildet die Kordel ab? Ist die Grenze geschlossen? Ist sie regelmäßig (kreis- oder ellipsenförmig) oder unregelmäßig gewellt? Habt Ihr sie unachtsam hingeworfen oder sorgfältig ausgelegt? Seid Ihr mit Eurer Grenze zufrieden? – Nun schaut Euch die Grenze Eures Übungspartners an. Wie wirkt diese Grenze auf Euch? Fordert Euren Übungspartner dazu auf, seine Grenze auch für sich wahrzunehmen. Sind Korrekturen nötig, damit sie „stimmt“? Bei ihm? Bei Euch? Nehmt dann nacheinander die Kordel wieder auf. Was für ein Gefühl kommt auf, wenn Ihr die Grenze wieder „aufmacht“? Bei Euch, bei Eurem Übungspartner, bei der Betrachtung des jeweiligen Gegenübers? Tauscht Euch kurz über Eure Grenzerfahrungen aus. Ihr könnt die Übung auch dahingehend verändern oder erweitern, dass Ihr Euren Übungspartner darum bittet/dazu einladet/ihm befehlt, sich dieser Grenze zu nähern, sie zu berühren, sie zu übertreten, sie aufzunehmen. Welche Gefühle habt Ihr dabei? Welche Gefühle hat Euer Übungspartner? Was erfahrt Ihr also über Euch und Euren Übungspartner in diesem Spiel?

Erfahrungen mit Eurer Grenze könnt Ihr aber auch im Alltag sammeln, wenn Ihr keinen Übungspartner „zur Hand“ habt. Ihr könnt Euch im Bus, in der U-Bahn, in öffentlichen Gebäuden, in Hotelrezeptionen, an der Bar, auf der Straße, bei Demos oder beim Sport zur Aufgabe machen, Eure Grenze besser zu spüren.

Dabei verhaltet Ihr Euch zunächst einfach „wie immer“, aber Ihr nutzt insbesondere Situationen, wo einige oder viele Menschen relativ nahe zusammenkommen. Ihr könnt Euch nun der Reihe nach auf den Einen oder die Andere konzentrieren und Euer Grenzempfinden „ausmessen“. Stellt einfach fest, ob der vielleicht zufällig entstandene Abstand zu Jemandem für Euch stimmig ist. Wenn nicht, korrigiert ihn. Was passiert, wenn der Bus so voll oder die Demo so gut besucht ist, dass Ihr nicht mehr genügend Raum für Euch habt, wenn Euer

Grenzempfinden strapaziert, der Abstand eingeschränkt wird? Wenn die Grenzziehung nicht mehr in Eurem Ermessen liegt? Spielt mit den Abständen zu Euren Gegenübern und registriert aufmerksam, ob Ihr Gefühle habt, ob sie sich mit verschiedenen Abständen verändern – und was Ihr Euch idealerweise wünscht. Vielleicht registriert Ihr auch in der Begegnung mit dem Einen oder der Anderen einen heftigen Abwehrimpuls. Das kann eine wertvolle Erfahrung sein, das kann weitreichende Selbsterforschung nach sich ziehen. Das kann eine spannende Aufgabe sein und werden.

Im Verlauf meiner therapeutischen Ausbildung habe ich an einer solchen Übung in einem Trainingsraum teilgenommen. Wir waren etwa 15 oder 18 Seminarteilnehmer und hatten die Aufgabe, locker und durcheinander im Raum herumzulaufen. Aufgabe war, den Raum insgesamt möglichst zu nutzen und aufmerksam zu registrieren, welche Gefühle bei den vielen Begegnungen mit den anderen Übungsteilnehmern aufkamen. Es gab eine junge Frau, die immer wieder reflexartig zurückwich, wenn wir uns begegneten und bei der auch ich das Gefühl hatte, ihr nicht näher kommen zu wollen. Das passierte einige Male im Verlauf der Übung und war für uns beide spürbar und auffällig. Gründe, die diese Gefühle nachvollziehbar erscheinen ließen, waren zunächst nicht erkennbar. Wir waren uns bis dahin weder besonders sympathisch, noch besonders unsympathisch erschienen. Da war jemand, das war ok und fertig. Wir haben über diese Erfahrung gesprochen, aber keinen weiteren Stoff gefunden, über den wir uns unterhalten konnten.

Für mich hatte die Erfahrung daher zunächst auch keine weiteren Folgen. Aber die junge Frau hat mir später – einige Wochen nach diesem Erlebnis – erzählt, dass sie im Rahmen einer Rückführung (die sie außerhalb der Ausbildung machte) darauf gestoßen sei, dass ich sie in einem früheren Leben als römischer Legionär in einer Auseinandersetzung mit einer Lanze getötet hätte. (Ich will mich nicht zum Thema Rückführung positionieren, weil ich da keine eigenen Erfahrungen und mich auch theoretisch nicht damit beschäftigt habe). Ich lasse das einfach so stehen und überlasse Euch den Kommentar. Immerhin habe ich das aber nie vergessen.

Aber auch jenseits solcher Phänomene ... . Wenn Ihr Euer Grenzempfinden gut trainiert habt, wird es Euch leicht(er) fallen, diese Grenze auf Körperebene zu markieren und auszustrahlen. Ihr werdet Euch präziser im Raum bewegen, Eure Körperhaltung wird Eure Bedürfnisse besser zum Ausdruck bringen. Ihr werdet insgesamt überzeugender wirken. Das kann auch Rückkoppelungen an Eure psychische Befindlichkeit und klarere Kontakte und Grenzerlebnisse nach sich ziehen. Wir können nun das im vorigen Kapitel behandelte Thema des Selbstkontaktes und der Kontaktunterbrechungen auch im Zusammenhang von Grenzen betrachten. Der Grenzen, die unser „Selbst“ mit sich bringt, mit denen wir vielleicht zu kämpfen haben, wenn wir (uns) nicht trauen, wenn wir sie überschreiten und zu ihnen zurückkehren wollen oder ihre Öffnung und Ausweitung genießen, wenn wir sie überhaupt wahrnehmen, wenn sie uns ängstigen, wenn wir sie wertschätzen oder akzeptieren möchten.

Unser Selbst entwickelt diese Grenze – sofern es genährt (und nicht behindert) wird und Unterstützung oder zumindest Resonanz findet – von innen heraus, im wahrsten Sinne des Wortes selbstverständlich. Da bedarf es dann zunächst keiner begrifflichen Definitionen oder einer Verteidigungsstrategie. Aber bei manchen Menschen geht es darum, dass ihnen diese Grenzen nicht klar sind oder dass sie verschwimmen und dass es ihnen erst möglich werden muss, diese Grenzen (wieder) zu entdecken. Und evtl. auch darum, diese Grenzen zu korrigieren – besonders dann, wenn das Selbst keine Zeit und keinen Raum hatte, sich angemessen auszubreiten. Dann könnten sie das jetzt nachholen. In einem ersten Schritt zum Beispiel mit dieser vorgenannten Kordelübung – um zu schauen, wie sie ihre Grenze eingerichtet haben und ob sie zu ihren Bedürfnissen passt. Hattet Ihr bei dieser Übung das Gefühl „das bin ich“ oder „das gehört zu mir“? und „das bist du“ oder „das gehört zu dir“? Gab es hier etwas zu verteidigen?

Die eigenen Grenzen zu spüren ist ungeheuer wichtig, denn sie definieren den Raum unseres inneren Zuhauses. Dort können wir nur gut leben, wenn wir wissen, welche Räume wir haben – und, dass diese Räume geschützt sind. Bei traumatisierten Menschen, also bei Menschen, die Gewalt, fortlaufende Demütigung, Missbrauch oder Naturkatastrophen erlebt haben, sind diese Grenzen zerbrochen, die Räume ruiniert und das Zuhause kann zu einem grauenhaften Ort werden. Da hilft dann auch dieser Ratgeber alleine bei Weitem nicht mehr.

Aber auch bei Menschen, die in unangemessener Intensität von Angst heimgesucht oder überflutet werden, sind diese Grenzen brüchig. Das heißt nicht, dass Jeder, der Angst verspürt, zum Psychotherapeuten gehen sollte oder Rat braucht. Im Gegenteil. Ängste haben – sofern sie nicht ausufern oder sich auf sich selbst beziehen – eine gesunde, regulative Funktion. Gut, dass wir Angst vor Feuer, Erdbeben, Krieg und Gewalt haben. Denn wir müssen darauf vorbereitet sein, dass wir uns schützen müssen. Wir brauchen Angst, um Adrenalin auszuschütten, das unsere Reaktionen beschleunigt und die Aufmerksamkeit steigert. Keine Frage.

Die Grenzen des Selbst: im Idealfall belastbar und flexibel – nicht starr und brüchig - dafür müssen wir sorgen. Dazu müssen wir sie kennen, wertschätzen, pflegen und gelegentlich belasten oder intensiv (für neue Erfahrungen) nutzen, manchmal vielleicht auch erneuern oder umbauen. Wie ein gutes paar Schuhe oder die eigene Wohnung. Ein sorgsamer Umgang mit den eigenen Grenzen ist Voraussetzung für ein angemessenes Lebensgefühl. Wir müssen in jedem Fall feststellen und bewusst wahrnehmen, wo sie verlaufen. Das ist der erste Schritt.

Denn diese Grenzen können „gestört“ sein. Sie könnten für Euch kaum wahrnehmbar sein (weil Ihr das so wollt und/oder weil Ihr eben so – geworden -

seid) – dann könntet Ihr konfluent sein, mit anderen verschmelzen wollen – wo und mit wem auch immer … . Ihr hättet dann gar kein eigenes Zuhause. Ihr würdet Euch vielleicht mehr oder weniger komplett mit einer Wohngemeinschaft identifizieren und alle Räume und Einrichtungsgegenstände teilen. (*Ihr könnt gar kein Zuhause haben, weil ihr nicht in der Lage seid, Eure Grenzen zu erkennen. Ihr seid konfluent*). Ich möchte noch etwas bei dieser Vorstellung bleiben.

Bitte stellt Euch vor, ihr lebt in einer Wohnung mit Bad, Küche, Flur und zwei oder drei Räumen. Vielleicht möchtet ihr Euch kurz bequem hinsetzen und die Augen schließen. Stellt Euch diese Wohnung möglichst detailliert vor. Wie sind die Räume geschnitten? Wie habt ihr die Räume eingerichtet? In welchem Stockwerk liegt die Wohnung? Wie wird sie beheizt? Wer wohnt dort noch außer Euch? Ist die Wohnung hell oder eher dunkel? Entspricht Euch diese Wohnung – fühlt Ihr Euch dort wohl?Kommt Ihr ungehindert in alle Räume und wisst Ihr, wie diese Wohnung im Detail aussieht? Könnt Ihr alle Räume frei nutzen? Oder steht da vielleicht ein Pferd im Flur – oder etwas Anderes? Und versperrt Euch den Zugang zu anderen Räumen. Müsst ihr das jedes Mal beiseite schubsen, um ins Wohnzimmer oder Schlafzimmer zu gelangen? Wisst Ihr überhaupt, wie es in Eure Wohnung gekommen ist? Hat Euch vielleicht ein Großvater das Pferd überlassen, damit Ihr mobil seid? Und dabei unberücksichtigt gelassen, dass sich die Zeiten geändert haben und ihr weder Stall noch Wiese habt, um es unterzubringen? Was macht ihr mit dem Pferd? Es steht da ja schon ewig und Ihr kennt niemanden, der es haben will … . Kennt Ihr das Gefühl? Dass da etwas ist, was Ihr nicht braucht und nicht haben wollt, aber es ist einfach da? Was könntet Ihr tun, um das Pferd loszuwerden? Vielleicht müsst Ihr es schlachten (lassen) und verzehren – oder eben damit leben? Und wenn das die einzigen Alternativen wären? (*innerhalb Eurer Grenzen ist ein weitgehend unbrauchbares Objekt, das sich verkapselt hat und stört, ein Introjekt*)

Ihr könntet aber auch „Untermieter“ haben, die sich unangemessen breitmachen - nachdem Ihr sie (nach reiflichem Nachdenken) geholt habt, um Euch die Miete zu teilen - und vertragswidrig mehrere Räume belegen und die Türen zusperren. Ihr würdet immer wieder vor verschlossenen Türen stehen und auf Anklopfen keine Antwort bekommen. Den Zweitschlüssel habt ihr verlegt. So dumm seid Ihr! Und so könnt ihr eben nur im Wohnzimmer sitzen, auf der Couch schlafen und auswärts zum Essen gehen. Ihr nutzt die Dusche im Stadtbad für die Körperhygiene und die Toilette auf der Arbeit. Das geht auch. Ihr seid ja soziale Menschen und fühlt die Mitverantwortung für den Untermieter – dem es ja viel schlechter geht, als Euch selbst. Da könnt Ihr gut und gerne mal auf Euren Komfort verzichten. Ihr bleibt eben im Wohnzimmer und lest ein gutes Buch. Der Untermieter ist es andererseits ja auch nicht wert, dass Ihr Euch mit ihm beschäftigt – Euer (Selbst)studium geht in jedem Fall vor! Vielleicht kennt Ihr solche Situationen und Gefühle – sollen die so bleiben? Geht es Euch damit gut? (*Ihr spürt die Grenzen anderer in Euch – aber keine Anerkennung - und wendet Euch davon ab. Damit verliert Ihr einerseits eigenen Raum und andererseits den Kontakt nach draußen oder zu einer Kontaktperson, ihr habt mit Retroflektion zu tun*).

Ihr könntet auch feststellen, dass in die Nachbarwohnung ein junges Paar gezogen ist. Die machen einen ärmlichen Eindruck und die kommen wohl von woanders. Die sehen anders aus und sprechen auch kaum. Das könnten Migranten oder Asylsuchende sein. Ihr könntet auf die Idee kommen, dass es denen gut täte, wenn es im Keller einen Gemeinschaftsraum gäbe. Mit einer Bar und einer Spielesammlung, mit einer Musikanlage und Tischfußball oder einem Billardtisch. Da könntet Ihr zusammen feiern. Die Nachbarn würden deutsch lernen und bessere Integrationsmöglichkeiten haben (und Ihr würdet vielleicht Eure Schüchternheit überwinden und endlich Gesellschaft finden). Ihr fangt also an, den Keller umzubauen und einzurichten. Ihr überlegt genau, was die Nachbarn brauchen könnten. Nachdem Ihr fertig seid, überrascht Ihr das Paar mit einer

Einladung in den neuen, gemeinsamen Partykeller. Aber die kommen nicht. Die sind entsetzt, weil sie nun keinen Platz mehr für ihre Fahrräder haben, die bisher im Keller standen. Und die gehen Euch von nun an aus dem Weg. Wie geht es Euch mit dieser Vorstellung? Habt Ihr so etwas Ähnliches schon mal erlebt? (*Ihr übertragt eigene, ungewollte Gefühle – Einsamkeit - auf Andere und schafft damit nur neue Konflikte, ihr projiziert*)

Ihr könntet Eure Wohnung auch einfach Wohnung sein lassen, nicht aufräumen, nicht umbauen, nicht untervermieten und das Pferd da stehen lassen. Ihr schaut Euch stattdessen den Wetterbericht an. Dann hättet Ihr kein Problem! Aber auch kein bequemes Zuhause. So gut? *(Ihr geht jedem Kontakt aus dem Weg, weil da ja Konflikte bewusst werden und/oder entstehen könnten, ihr habt mit Deflektion zu tun*).

Ihr könnt Euch nun umgekehrt vorstellen, dass Ihr ein Mitglied der Wohngemeinschaft seid, der Großvater mit dem Pferd, der Untermieter oder der Nachbar. Wie würde es Euch mit jemandem gehen, der so ist wie Ihr in den vorgestellten Beispielen oder mit jemandem, der einfach alles liegen lässt und den Wetterbericht anschaut?

Euer Zuhause wäre in jedem der genannten Fälle wahrscheinlich nicht dauerhaft wohnlich und/oder Euren Bedürfnissen angemessen. Irgendwann kommt der Wunsch nach Veränderung. Und die geschieht entweder ohne weiteres Zutun – einfach, weil der missliebig (gewordene) Zustand seine eigene Dynamik und Veränderungsimpulse erzeugt. Oder der Veränderungsprozess kommt nicht in Gang oder stockt. Dann braucht Ihr Unterstützung. Das könnte Ihr selbst versuchen – oder mit einem Ratgeber, oder Ihr nehmt therapeutische Hilfe in Anspruch. Oder Ihr lasst es sein und schaut Euch den Wetterbericht an .... Keine Lösung ist auch eine Lösung, solange Ihr damit leben könnt.

Aber wenn Ihr nun feststeckt. Wenn Ihr also nicht mehr Euren Kühlschrank und Euer Klo, Euer Bett und die ganze Wohnung mit irgendjemandem teilen wollt, weil Harmonie das Wichtigste ist, aber es passiert nichts. Dann könntet Ihr in einem Ratgeber nachschauen, wie die „Störung“ heißt, die Euch an einem angemessenen Lebensgefühl hindert. In diesem Fall könnte das die „Konfluenz“ sein, von der ja schon mehrfach die Rede war. Und die könntet Ihr näher erforschen. Ihr könntet also im Bus, in der Bahn, an der Bar oder irgendwo sonst, wo viele Menschen sind (und Euer Experiment nicht so auffällt), Euer Nähe-/Distanzverlangen zu einem beliebigen Partner ausloten. Vielleicht wollt Ihr ja die ganze Welt umarmen – jedes Individuum, das Euch begegnet (Ihr müsst das ja nicht tun!). Aber vielleicht würdet Ihr (in einem Zustand gesteigerter Wahrnehmungsfähigkeit und Konzentration) auch bestimmte Vorlieben feststellen, Menschen unter 30, blonde Frauen, ältere Männer, Kinder, Menschen in roten Jacken, mit sichtbarem Handicap, Uniformierte, Hunde, Menschen die Alkohol trinken, parfümierte Frauen ... . Ihr könntet auf diese Weise Kriterien aufstellen, mittels derer Ihr Euch besser abgrenzt. Euch fragen, wie Ihr aussucht und feststellen, dass Ihr aussucht. Oder Euch darüber entsetzen, dass Ihr Euch bei diesem Experiment grenzenlos einsam fühlt, sobald Ihr Distanz aufkommen lasst. Ihr könntet auch eine (professionell angebotene) Kuschelparty besuchen, wo Ihr Eure Beobachtungen dazu sammelt – vielleicht gibt es so ein Angebot in Eurer Nähe? Ihr könntet solche Experimente mehrfach wiederholen und immer wieder die Frage stellen, ob sich Euer Selbstgefühl verbessert und was Ihr also braucht, um Euch und Eure Grenzen besser zu spüren. Und was Ihr also tun könntet, um Euer Einsamkeitsgefühl klarer zu definieren und mit ihm zu leben. Dann seid Ihr auf dem richtigen Weg.

Wenn Ihr das Pferd im Flur nun tatsächlich loswerden wolltet. Was dann? Niemand will es haben. Aber es hindert Euch immer wieder massiv daran, Euch ungehindert in Eurer Wohnung zu bewegen. Ihr habt auch kaum Platz für Gäste. Ihr werdet Euch entscheiden müssen. Ihr oder das Pferd. - Ihr werdet nicht umhinkommen, das Pferd zu beseitigen. Denn es ist außerordentlich schwer, auf

Dauer mit einem Pferd in einer Wohnung zusammenzuleben. Und aus dem Pferd lässt sich wahrscheinlich auch kein Goldfisch zaubern, es sei denn, Ihr seid Zauberer. Das habt Ihr aber vermutlich schon öfter probiert und es ging nicht. Wahrscheinlich müsst Ihr Euch damit auseinandersetzen, auf welche Art Ihr ihm den Garaus macht. Einschläfern lassen? – da braucht Ihr Unterstützung durch fachkundige Mitmenschen. Schlachten? Mit einem Bolzenschussgerät betäuben und dann die Kehle durchschneiden? Dann könntet Ihr es essen. Aber wohin mit dem ganzen Blut? Auch dafür braucht Ihr fachkundigen Rat und tatkräftige Hilfe. Gift? Nun – wenn es wirkt, bleibt immerhin der Kadaver übrig, den Ihr entsorgen müsst. Zerteilen und vergraben, das ginge vielleicht. Oder in den Fluss werfen. Oder verbrennen. Essen lässt es sich dann ja nicht mehr. Eine elegante Lösung wird es da nicht geben. Das ist so eine entweder - oder Situation und gewaltfrei wohl nicht zu lösen. Da braucht Ihr aggressive Energie. Ich empfehle, fachkundige Beratung und tatkräftige Unterstützung in Anspruch zu nehmen. Das habt Ihr sicher verdient! Vergesst dabei nicht: keine Lösung ist auch eine Lösung – solange Ihr damit leben könnt (und das Alles gilt natürlich nur, wenn Ihr nicht doch die Möglichkeit habt, das Pferd ein Stück weit auszuquartieren und in einem Stall unterzubringen. Dann könntet Ihr ja gelegentlich ausreiten.)

Wenn Ihr noch immer in Eurer eigenen Wohnung vor verschlossenen Türen steht, weil ein Untermieter da lebt und Euch den Zugang versperrt und wenn Ihr daher immer noch im Stadtbad duscht, (nur)auf der Arbeit die Toilette besucht oder zum Essen in die Mensa gehen müsst, wenn Ihr in Eurem eigenen Wohnzimmer eingesperrt den neuesten Ratgeber lest, wie Ihr besser damit leben könnt, dass Ihr retroflektiv empfindet, dann könntet Ihr mal innehalten und Euch ehrlich fragen, wie es Euch damit geht und ob Ihr wirklich alleine für die Situation verantwortlich sein wollt. Immerhin lebt der Untermieter ja Tür an Tür und zahlt pünktlich die Miete. OK. Aber wofür? Für die ganze Wohnung? Für Alles außer das Wohnzimmer? War das so abgemacht? Wollt Ihr Euer Leben auf der Couch verbringen? Vielleicht braucht Ihr doch mehr Platz? Ihr könntet zum Beispiel versuchen, den Untermieter im Treppenhaus abzufangen, wenn Ihr Euch mal die Mühe macht, zu beobachten, wann er kommt und geht. Oder Ihr könntet ihn auf seiner Arbeit besuchen und dort zur Rede stellen, wenn Ihr Euch die Mühe macht, auszuforschen, wo er arbeitet. Oder Ihr könnt doch noch mal darüber nachdenken, ob Ihr Euch erinnert, wo die Zweitschlüssel sind. Oder wenigstens mal den Vertrag lesen, den Ihr mit ihm gemacht habt – vielleicht gab es da eine Kündigungsfrist? Ihr könntet feststellen, dass Ihr eine Menge Möglichkeiten habt, den Zustand zu verändern und Eure Bedürfnisse besser zu befriedigen. Vielleicht könnt Ihr ihm ja auch einen Zettel unter der Tür durchschieben, auf dem Ihr aufgeschrieben habt, was Ihr braucht und was sich ändern soll ... und was Ihr von ihm erwartet und bis wann Ihr eine Antwort braucht? Das würde vielleicht auch per Email funktionieren ... . Wenn Ihr das alles schon probiert habt, dann bleibt wohl nichts anderes übrig, als es weiter zu probieren. Mag sein, das klappt mit Unterstützung besser. Dann braucht Ihr Hilfe. Vielleicht erstmal eine Thaimassage oder ein Boxtraining?

Zu Euch und Euren Nachbarn. Das ist ja nun eine blöde Geschichte. Soviel Mühe und soviel Engagement – und dann das. Sie reden nicht mehr mit Euch. Ihr steht alleine im Partykeller. Dabei wäre es doch so schön gewesen, hier gemeinsam Musik zu hören, Ihr hättet den Nachbarn deutsch beibringen können, spielerisch, am Kickertisch, beim Billard, ganz zwanglos ... .

Das ist komplett danebengegangen. Aber wenn ich mir das so anschaue, dann stelle ich die Frage, für wen Ihr da wirklich etwas tun wolltet. Für die Nachbarn? Oder für Euch? Ihr hattet doch das Gefühl, etwas mehr Gemeinschaft täte Euch gut, oder? Fühlt Ihr Euch vielleicht alleine gelassen? Einsam? Ist Euch langweilig? Habt Ihr versucht, das zu vertuschen vor Euch und den Anderen? Habt Ihr Eure Wünsche auf die Nachbarn projiziert? Und nun wundert Ihr Euch, dass die nicht mitmachen? Die haben ja ganz andere Bedürfnisse ... . Die können schon deutsch und sind auch nicht arm. Die sehen nur so aus.

Mir ist nicht klar, warum Ihr die Nachbarn nicht gefragt habt, ob sie einen gemeinsamen Partykeller haben wollen und Vorschläge gemacht habt was ihr dazu tun könntet. Wie ist es passiert, dass Ihr das ganz alleine durchgezogen habt? Habt Ihr die Fahrräder im Keller nicht gesehen? Habt Ihr nicht überlegt, wo die hinkommen sollen, wenn der Raum anders belegt wird? Ihr braucht nicht gleich einen Partykeller zu bauen, wenn Ihr Gesellschaft haben möchtet. Mag sein, dass die Frage, ob Eure Nachbarn mal zum Abendessen zu Euch kommen wollen, da auch schon Abhilfe schafft? Und dass die Einladung sogar angenommen wird? Es gibt sicher viele Möglichkeiten, sowohl der eigenen Langeweile entgegenzuwirken als auch den Nachbarn etwas Gutes zu tun. Vielleicht mögt Ihr Euch mal (gemeinsam?) den Film „Under the Tree" von Gunnar Sigurosson (Drehbuch und Regie) anschauen, in dem gezeigt wird, was passieren kann, wenn Grenzen nicht respektiert und Gefühle übertragen werden. Das endet in einem grausamen Gemetzel!

Ja und zuletzt zur Dir, der Du da auf dem Sofa sitzen bleibst und den Wetterbericht anschaust. Entschuldige bitte, wenn ich Dich störe: willst Du da ewig sitzenbleiben? Auch das Wetter ändert sich ja mal. Und Du? Tut Dir der Hintern nicht vom Sitzen weh? und Deine Augen, die müssen doch brennen! Darf ich Dich zum Essen einladen? Ich möchte etwas mit Dir besprechen.

Begriffserklärungen:

Selbst: *„ Auch das „Selbst" wird in der Gestalttherapie als umfassender Prozess verstanden. Perls, Hefferline und Goodman definieren es als „das System der ständig neuen Kontakte". Das „Ich" stellt dabei nur eine Teilfunktion des „Selbst" dar: Es unterscheidet zwischen „zu mir gehörend" und „fremd". Damit hebt sich die Gestalttherapie grundlegend von der Psychoanalyse ab, die die Psyche eher als einen „Apparat" begreift, mit dinghaften Einzelteilen."*
(wikipedia)

Literaturtipps:

Wissen

Boeckh, Die Gestalttherapie,2006

Üben

Abram und Hirzel, Fühlen erwünscht, 2007

Interessantes:

Die Europäische Union und ihre derzeitige politische Entwicklung widerspricht in vieler Hinsicht der Forderung nach Autonomie und dem Respekt vor der Grenzziehung zumindest einzelner Regionen – denn Nationen sind ja ihrerseits bereits ein Produkt von Konfluenz. Auch aus dieser Perspektive wird die mangelnde und oft beklagte (authentische) Kontaktfähigkeit von Bevölkerungsanteilen verständlich, die sich gegen Übergriffe und Vereinnahmung wehren. Es wäre vielleicht sinnvoll, parallel zur Förderung der Gemeinsamkeiten auch ganz bewusst auf die Unterschiede hinzuweisen und diese zu achten und zu bewahren, damit nicht die wohltuenden Folgen gemeinsamen Handelns von betroffenen und daher aggressiven (und dann politisch gefährlichen) Randgruppen in Frage gestellt werden können. Das wird sich mit der finanziellen Unterstützung von regionalen Kulturvereinen, Chören, Tanzgruppen oder Folkloreanbietern alleine aber nicht regeln lassen.

Wertschätzung und Akzeptanz

Es ist nicht so, dass ich nicht merken würde, dass Wertschätzung und Akzeptanz hier erst an fünfter Stelle kommen. Dabei sind beide Haltungen Voraussetzung für eine angemessene Lebensführung in einer Gesellschaft, die leider beides vermissen lässt und hätten einen der vorderen Plätze verdient.

Das liegt daran, dass ich zunächst einmal auf andere mögliche Schwierigkeiten aufmerksam machen und Anregungen zur Veränderung geben wollte, wo ein angemessenes Lebensgefühl vermisst wird. Ich gehe der Einfachheit davon aus, dass Ihr diesen Ratgeber gekauft habt, weil Ihr ihn braucht – oder jemanden kennt, der ihn nach Eurem Ermessen brauchen könnte. Also irgendwo Schwierigkeiten habt, ein angemessenes Lebensgefühl zu entwickeln oder jemanden kennt, von dem Ihr das annehmt. Ich will Euch da abholen, wo ich Euch vermute. Ich bin aber nicht enttäuscht, wenn das nicht klappt und Ihr einfach nur mal neugierig schauen wolltet, was hier geschrieben steht. Bitte - gerne!

Mit Wertschätzung meine ich dabei in erster Linie die Selbstwertschätzung, die bei vielen Menschen zu wünschen übriglässt – bei anderen, ganz sicher, aber überreichlich zum Ausdruck kommt. Es sei dahingestellt, ob das authentisch ist. Andere interessieren uns hier gerade nicht so brennend. Ich komme später darauf zurück.

Bei vielen meiner Patient*innen gibt es ein Symptom, das mich sehr anstrengt. Sie handeln von der Ungerechtigkeit Ihrer Umwelt, sie reden über Missbrauch und Unglück, über Demütigungen, Mobbing und Betrug, über Gewalterfahrungen und Suchtprobleme Ihrer Partner*innen, über ihre Einsamkeit und den Verlust von Angehörigen – und suchen dann oft die Schuld bei sich oder „machen sich nieder". (*Diejenigen, die das nicht tun, verteilen Schuld auf ihre Umwelt. Das ist aber nicht die Mehrheit, die Wenigsten kommen aber ohne Schuld aus*).

Das ist einerseits eine gut nachvollziehbare Regung, denn die Anderen sind ja nicht hier/da und wir wollen ja versuchen, das Lebensgefühl des anwesenden Patienten zu bearbeiten. Aber dieser Automatismus macht mich ärgerlich. Und das möchte ich ja nicht sein, weil ich ja (ein guter) Therapeut bin. Aber nach den Gepflogenheiten der Gestalttherapie nehme ich das dann doch wahr und berücksichtige meinen Ärger und die Bewertung meines Ärgers als Teil des Settings (*auf meiner Seite*). Da habe ich dann schon eine Menge mit zu tun. Die (manchmal epischen) Ausführungen des Patienten führen dann schnell zur Überforderung meiner Awareness. Spätestens, wenn ich das merke, muss ich mein Gegenüber stoppen. Und das tue ich in der Regel mit dem Hinweis auf ein meist falsch verstandenes Bibelzitat: *„Liebe Deinen Nächsten wie Dich selbst“* (im Alten wie im Neuen Testament immer wieder formuliert). Im Regelfall verstehen das die meisten meiner Patienten*innen als Appell an die Nächstenliebe, als Aufforderung, dem Bettler etwas in den Becher zu legen, der kranken Nachbarin die Einkäufe zu erledigen, den Kindern die Betten zu machen, dem Ehemann das Essen zu servieren, den Hund zu füttern, ein Ehrenamt zu übernehmen, zu spenden, eben für andere dazusein – und sich selber zu vergessen, lange Zeit nicht (mehr) zu spüren. Das kann in allen Stadien des Gestalt- oder Kontaktprozesses passieren, die Einen sind besonders für moralische Introjekte, andere für retroflektive, wieder andere für konfluente Unterbrechungen bekannt, die einen geben sich mehr, die anderen weniger „Schuld“. Aber gemeinsam beklagen sie ihr Leid und deswegen sind sie ja auch bei mir.

Dabei impliziert das Bibelzitat für meine Begriffe die (Selbst-) wertschätzung, die wir an uns ebenso wahrnehmen und pflegen sollen, wie an unserem Nächsten. Jedenfalls steht nicht geschrieben: liebe und entschuldige Deinen Nächsten und gebe Dir selbst die Schuld oder vergesse Dein eigenes Leben. Im Gegenteil: da wird die Selbstliebe als primäre Bezugsebene für die nachfolgende Nächstenliebe beschrieben (auch wenn das auf den ersten Blick nicht so aussieht). Charlie Chaplin hat das ja in seinem berühmten Statement zur Selbstliebe herrlich beschrieben. Es ist aber meist gar nicht so einfach, für diese Perspektive Aufmerksamkeit zu gewinnen. Zu eingefleischt ist die „caritas“ in ihrer herkömmlichen Bedeutung, die da heißt: kümmere Dich um Deine Mitmenschen. Dir geht es ja ohnehin besser als ihnen.

Leider stimmt das so nicht. Vielen Menschen steht nach meiner Beobachtung selber das Wasser bis zum Hals, und gerade sie sind dann besonders erpicht darauf, anderen zu helfen. Wir kennen das ja auch als Projektionsphänomen. Ich habe noch von keiner Kollekte oder von keinem Sammlungsaufruf gehört, wo die Menschen angeregt und aufgefordert werden, ihr eigenes Sparschwein zu füllen … . Vielleicht wollt Ihr das mal probieren (neben dem Sparbuch oder dem Aktiendepot, als Therapie mit echtem Sparschwein und Münzgeld und der Beobachtung, wie es Euch damit geht, für Euch selbst zu sammeln. In einigen Kulturkreisen gab es das oder gibt es das in Form von Spar“pfennigen“, die von Kindheit an für die Hochzeitsschuhe gesammelt werden).

Es ist ja auch viel leichter, die Probleme anderer zu betrachten, als die eigenen. Und gerade daraus kann dann auch der Impuls resultieren, anderen helfen zu wollen und sich selbst zu vergessen. Der Selbstkontakt wird unterbrochen, die eigenen Grenzen geraten aus der Sicht. Und das kann zu sehr festen Überzeugungen (und caritativen Verhaltensweisen) führen, gegen die ja niemand etwas haben kann. Die ja ehrenwert sind und daher nicht zur Diskussion gestellt werden (dürfen).

Das funktioniert aber allein nicht auf Dauer.

Wie sieht es denn aus mit Eurer Selbstwertschätzung? Wenn es nach Charlie Chaplin gehen soll (dem ich mich hier anschließe), dann gehören zur Selbstwertschätzung/-liebe die folgenden Zutaten: Authentizität, Respekt und Reife, Selbstvertrauen, Spaß und Freude, „Gesunder Egoismus“ und

Bescheidenheit, Erfüllung im „Hier und Jetzt" und die Weisheit des Herzens. Chaplin endet mit der Erkenntnis: *„denn sogar Sterne knallen manchmal aufeinander und es entstehen neue Welten. Heute weiß ich: das ist das Leben!"* Und dieses Knallen gilt es wohl auch zu akzeptieren – wir brauchen uns vor Auseinandersetzungen, Konflikten und Problemen mit uns selbst und anderen nicht zu fürchten – wenn wir uns selbst wertschätzen. Und wir schätzen uns wert, wenn wir dieser Furcht nicht nachgeben. Aber da kann ja die Scham dazwischen sein und uns behindern. Unser Gefühl, vielleicht „falsch" konstruiert zu sein, unvollkommen und nackt in der Welt zu stehen, uns verstecken zu wollen und vielleicht sogar uns gar nicht zu spüren. Ich zitiere hier noch einmal Gary Yontef: *„Scham ist eine kognitive und emotionale Reaktion in Bezug auf die eigene Existenz, insbesondere auf die eigenen primären Gefühle und Bedürfnisse, z.B. nach Liebe, Aufmerksamkeit, Beachtung, Anerkennung und Unterstützung. In ihr steckt die Unterstellung, man würde durch das Vorhandensein oder den Ausdruck dieser Bedürfnisse unwert, unangemessen, unfähig, unzulänglich, mangelhaft, aufdringlich, ungeliebt, unberührbar, unberechtigt zum Erleben von Achtung, Liebe und Freude. Diese Haltung gegenüber sich selbst entsteht durch eine spezielle Art von Bruch in den Beziehungen mit der Umwelt, nämlich wenn sich ein Mensch schutzlos exponiert und dann eine bestimmte Abweisung erhält. Besonders groß ist die Verletzlichkeit dann, wenn die Person nicht perfekt, am besten, ideal und zufrieden ist, sondern Gefühle und Bedürfnisse hat und sie zum Ausdruck bringt bzw. sie nicht unterdrücken und verstecken kann. Scham kommt dann auf, wenn ein bedeutender oder mächtiger anderer Mensch darauf kalt, abweisend, abwertend, verurteilend, wütend oder angewidert reagiert."*[7]

Es könnte also sein, dass Deine Selbstwertschätzung an einer Stelle endet, wo ein wichtiger anderer Mensch (der Partner/die Partnerin, der Chef, Kollege oder Nachbar, die Mitschülerin oder die Lehrerin) entsprechend kalt, verurteilend

[7] Yontef, Beziehungen und Selbstwertgefühl, 1999

oder angewidert auf Dich und Deinen Selbstausdruck reagiert. Das dürfte in unserer Gesellschaft leider zum Alltag gehören.

Wir sehen also, dass sich „Wertschätzung“ bei näherer Betrachtung in mehrere Bereiche auffächert: Selbstwertschätzung, Selbstwertschätzung im weiteren Feld, Wertschätzung des Anderen.

Daher könntet Ihr zunächst schauen, wie es um Eure Selbstwertschätzung bestellt ist, wenn Ihr mit Euch alleine seid. Wie seht und fühlt Ihr Euch, wenn Ihr in den Spiegel schaut oder auf dem Sofa sitzt und Euch alleine fühlt, wenn Ihr bei Euch seid? Wann habt Ihr Euch zuletzt die Frage gestellt, ob und wie Ihr Euch wertschätzt? Achtet Ihr auf gesunde Ernährung und darauf, dass Euch das Essen schmeckt? Nehmt Ihr Euch Zeit für das, was Euch angenehm ist? Massagen, Laufen, Draußen sein, Lesen, Musik hören? Ist das, was Euch angenehm ist auch das, was Euch guttut? Oder gibt es da Konflikte? Wie nehmt Ihr Euren Körper wahr beim Duschen und Abtrocknen. Gefallt Ihr Euch? Habt Ihr Idealvorstellungen und seht Ihr da die Abweichungen? Nur die Abweichungen? Seht Ihr Euch wohlwollend – trotz kleiner oder größerer „Makel“? Fühlt Ihr Euch wohl in Eurer Haut? Gibt es Glaubenssätze, die dem entgegenstehen, dass Ihr Euch mit Euch wohl fühlt? Gibt es gerade jetzt, wo Ihr diese Zeilen lest, irgendetwas, was Euch daran hindert, Euch mit Euch wohlzufühlen? Wenn ja, was ist das? Soll das so bleiben?

Stellt Euch etwas Essbares vor, das gesund (für Euch) ist und Euch schmeckt. Stellt Euch vor, wie Ihr aussehen würdet, wenn Ihr Euch selbst modellieren könntet (und wenn Ihr Zeit und Lust habt, dann tut das auch – entweder life vor dem Spiegel oder mit Farbe und Papier oder mit Ton ...) und stellt Euch vor Ihr würdet ungehindert an Euch glauben ... . Wenn das nicht geht, dann versucht genau zu beobachten, an welcher Stelle ihr Euch daran hindert. Das wäre der erste Schritt, die Haltung Euch selbst gegenüber zu verändern. Genau beobachten und den Befund (möglichst) wohlwollend erstmal einfach stehen lassen.

Ihr könnt diese Beobachtungen gelegentlich auch im engeren oder weiteren Feld machen. Es wird Euch niemand daran hindern, nach einer unerfreulichen und vielleicht deutlich abwertenden Auseinandersetzung mit Eurem Chef, Euch in eine ruhige Ecke zurückzuziehen und die sachlichen Aspekte der Auseinandersetzung vom „wie“ zu trennen. Jedenfalls nach einer gewissen Beruhigung – da hilft tiefes und bewusstes Ein- und Ausatmen. Es heißt nicht umsonst, dass der Ton die Musik macht. Die Sache lassen wir hier außen vor – die gehört in andere Zusammenhänge. Aber das wie! - Führt die erfahrene Abwertung zu Schamgefühlen? Ist das immer so, wenn Euch jemand emotional in Frage stellt? Könnt Ihr bei diesem Schamgefühl bleiben? Müsst Ihr den Kontakt zu Eurem Schamgefühl (das ist ja ein Teil von Euch) abbrechen, vielleicht auch die (ruhige) Ecke verlassen und das Weite suchen? Ihr könntet den Spieß auch umdrehen und wütend werden auf den Aggressor oder erstarren und mit den Schultern zucken. Welche Alternative liegt Euch näher? Wo spürt Ihr Eure Grenzen? Könnt Ihr Euch dabei beobachten, wie Ihr Euch schämt ... und wie Ihr darüber nachdenkt, dass Ihr Euch schämt ... und wie Ihr beobachtet, dass Ihr darüber nachdenkt, dass Ihr Euch schämt? Vielleicht schafft diese Aufmerksamkeit etwas Distanz und „Luft“ zum freieren Atmen? Aber was dann?

Dann muss ich zunächst nochmal darauf hinweisen, dass ich weder generell und auch nicht hier der Profi für Euer Leben bin oder sein kann. Das geht auch speziell mit Euch nicht, da ich Euch nicht kenne. Darüber hinaus ist das eine der wesentlichen Grundlagen (gestalt)therapeutischen Arbeitens. Es geht nicht darum, Euch mitzuteilen, was gut für Euch sein könnte – welche Lösung für Euch angemessen ist. Ich kann Euch nur darin unterstützen, den Lösungsweg selbst zu erforschen, Euch selbst so zu regulieren oder zu tunen, dass Ihr am Ende eine Lösung findet. Dass Ihr Euch traut, alle Widrigkeiten wahrzunehmen und anzuschauen und vielleicht feststellt, dass Ihr eben so seid. Und dass diesem

Sosein bereits Lösungen immanent sind (sich zurückziehen, sich verstecken, stumm werden, anpassen um jeden Preis, wütend werden, an etwas glauben etc.), die nicht optimal und die vor allem nicht aktuell sein müssen, die aber kreativ gewesen sind, als Ihr Euch für sie entschieden und sie angenommen habt. Wenn Ihr also je im Leben eine Lösung gefunden habt, dann geht das auch heute wieder: dann geht es darum, den Focus zu öffnen und alle Möglichkeiten zu erwägen, die Euch gegeben sind oder die Ihr Euch erarbeiten könntet. Um Raum und Luft. Die zu gewinnen, darin kann ich Euch unterstützen.

Ich habe in einem besonders hoffnungslosen Fall (der Patient war 28 Jahre alt, 15 Jahre Drogenkonsum, berufsunfähig, beziehungsunfähig, mehrere abgebrochene Klinikaufenthalte, aggressives Verhalten in seinem engeren und weiteren Umfeld, auch Therapeuten gegenüber) von dessen Vater gelernt, dass „der Glaube an das Wunder stärker als das Wunder sein kann". Er hat nie formuliert, dass er im Zusammenhang der Lebenserwartung seines Sohnes besondere Lösungen sähe oder überhaupt ein Ziel hätte. Aber er hat auch nie Zweifel daran gelassen, dass er zu seinem Sohn steht und ihn liebt.

Er hat mir diese, seine Haltung offenbart, obwohl oder weil ich immer wieder darauf hingewiesen hatte, dass ich für Wunder nicht zuständig sei. Er müsse sich, so mein damaliger Rat, bei Wundern an eine andere Instanz wenden.

Der Patient lebt heute, zwei Jahre später - recht gut mit einer Partnerin zusammen und arbeitet als Platzwart bei einem Tennisclub. Sein Drogenkonsum ist massiv zurückgegangen und überschaubar. Er nimmt wieder am Leben teil. (Zu mir ist er nicht mehr gekommen). Und ich denke, das liegt ganz wesentlich daran, dass zumindest Einer, nämlich der Vater, den Glauben an die Stärke des Glaubens an etwas (in diesem Fall das Wunder, von dem ich nicht weiß, worauf es sich bezieht oder woher es kommt) über alle anderen Maßnahmen gestellt hat. Damit will ich nicht Wundergläubigkeit anregen – es ging hier nicht um Esoterik oder Religion, nicht einmal annähernd um den Glauben an die Wirksamkeit irgendeiner

Methode – sondern um den Glauben als Methode selbst. Das gibt zu denken! Sicher ist der unerschütterliche Glaube an eine Lösung/Euch selbst/etwas/das Leben/ die Prozesshaftigkeit allen Seins, vielleicht auch von jemand anderem ausgehend, eine wertvolle Ressource. Gibt es vielleicht diese*n Andere*n, und sein/ihr Glaube verschafft Euch den nötigen Raum, die Zeit und die Luft? (Ich möchte mich hier nicht weiter zum Thema „Glaube/Geistheilung" positionieren – aber den Hinweis nochmals auf naturwissenschaftliche Modelle wie das der „Protyposis" (nach dem Physiker Thomas Görnitz und seiner Frau Brigitte (Psychologin) kann ich mir nicht versagen). - Der Vater des Patienten ist ein bekannter Musiker, der vielleicht die Fähigkeit hat, Energie-/Informationsfelder (gleich welcher Art) grundlegender und differenzierter zu empfinden, als andere Menschen, und der den Glauben per se und ohne weitere Bedeutung als Kraft/Information erleben und teilen kann.

Sich selber Raum und Luft zu geben, das wäre dann ein weiterer Schritt, nachdem Ihr Euch möglichst wohlwollend angeschaut habt, was Euch an einem angemessenen Lebensgefühl hindert. Ein wohlwollender Blick auf das Geschehen, auf die Gefühle und auf das Umfeld – der kann zum Beispiel darin gründen, dass Ihr übt, Eurem inneren Kind zu begegnen und ihm Aufmerksamkeit zu schenken. Da helfen tägliche Gespräche mit diesem inneren Kind, liebevoll und zugewandt. Gebt zuerst ihm den nötigen Raum ... .

Ihr könnt es fragen, wie es ihm geht und was es gerade braucht, um sich wohlzufühlen. Das könnt Ihr nun als Erwachsene dem Kind geben und damit seine Verletzungen heilen, seine Irritationen beruhigen. Dazu braucht Ihr Geduld! Ihr könntet ihm sagen, dass es so, wie es war und ist, vollkommen in Ordnung ist

Ihr könnt auch ein Photo nehmen aus alten Zeiten, womöglich aus einer Situation, in der Ihr als Kind unglücklich oder ängstlich gewesen seid. Und mit ihm darüber sprechen, liebevoll, erklärend – das nachholend, was Euch damals gefehlt haben könnte.

Ihr könnt das Kind auch auf einen Stuhl setzen, Euch gegenüber, imaginieren, wie es dort sitzt und womit es sich beschäftigt. Und Ihr könnt mit ihm in einen Dialog gehen und alle Fragen stellen, die Ihr vermisst habt. Und dabei nachholen, was Euch fehlt. Das wären Möglichkeiten. Probiert es aus.

In diesem Prozess steht ganz sicher Akzeptanz an zentraler Stelle und um zu beschreiben, worum es dabei geht, gebe ich Euch hier einen Hinweis auf das „Paradoxon von der Veränderung durch Akzeptanz". Ich spreche also erst einmal wieder Eure geistigen Kompetenzen an: „Was ist, darf sein. / Was sein darf, kann sich verändern" (Werner Bock, Frank-M. Staemmler u.a.).

Arnold Beisser hat dazu 1989 die Theorie formuliert (in: „Wozu brauche ich Flügel") und darauf bestanden, dass ein Klient oder Patient in der Therapie vor allem nicht versuchen solle, ein Anderer zu sein oder zu werden, sondern dass es um den Versuch gehe, er selbst zu sein. (Kein Reh kommt auf die Idee, ein Fisch sein zu wollen und kein Igel hat den Wunsch, ein Storch zu werden ...) Ein ungleich schwierigeres Unterfangen, weil wir vielleicht gewohnt sind, fremden Vorbildern nachzueifern – aber nicht daran, uns auf uns selbst zu besinnen: wertfrei, wohlwollend und offen ... . Wie das geht, hat Euch (wahrscheinlich) niemand gezeigt. Auch nicht, dass wir wahrscheinlich ständig aufgespalten sind in einen Persönlichkeitsanteil, der glaubt, mit sich gut und zufrieden zu sein, und einen anderen, der meint, das ginge noch besser, da gäbe es die nächste erfüllbare Norm, wir müssten wachsen und anders werden. Da beides gelten soll, muss der Therapeut beide Haltungen unterstützen. Mal die Eine, mal die Andere. Und diese Anteile lassen sich vielleicht auch miteinander ins Gespräch bringen oder versöhnen. Du kannst sie versuchsweise Top- und Underdog nennen.

Identifiziere Dich bitte mit dem Underdog. Mit dem Teil in Dir, der schon Alles gut sein lässt und (un)zufrieden ist. Kannst du ihm einen Namen geben (Underdog ist ja nur der Fachbegriff)? Lebt er irgendwo in Deinem Körper? Hat er eine Gestalt, Geruch und Stimme? Wie hältst Du Dich zu ihm? Magst Du ihn etwas fragen? Antwortet er?

Und dann identifiziere Dich bitte mit dem Topdog, der nie zufrieden ist, der Dich antreibt und von Dir verlangt anders, besser, schneller, effizienter, angepasster, attraktiver zu sein, mehr Selbstvertrauen aufzubringen, mehr Energie für die Lebensplanung zu generieren usw. Kannst du ihm auch einen Namen geben? Lebt auch er irgendwo in Deinem Körper? Hat er eine Gestalt, Geruch und Stimme? Wie hältst Du Dich zu ihm? Magst Du ihn etwas fragen? Antwortet er? Kannst du einen Dialog zwischen Underdog und Topdog anregen? Wollen die etwas voneinander? Fangen sie an, sich zu erklären, zu rechtfertigen, zu beschimpfen? Ringen sie um Verständnis füreinander? Suchen sie einen Ausgleich? Stehst Du dem im Weg? Wie hältst Du Dich zu beiden? Und was fühlst Du, wenn Du die beiden einzeln und getrennt voneinander beobachtest? Wie geht Dein Körper damit um? Was macht Dein Atem? Deine Körperspannung, Deine Mimik und Gestik? Kannst Du das selbst ein Stück weit spüren oder beobachten, während Du diese Übung machst? ... oder passiert gar nichts? Magst Du die Übung nicht? Fühlst Dich blockiert? Dann schau mal, ob die Blockade einen Namen hat, wo sie im Körper wohnt. Hörst Du ihre Stimme, hat sie Geruch? Wie hältst Du Dich zu ihr? Magst Du sie etwas fragen? Antwortet sie? Kannst Du jetzt damit beginnen, Dich mit dem Underdog zu identifizieren? ...

Vielleicht gelingt es Dir, diese Identifizierung mit Dir alleine zu proben. Vielleicht, wenn Du das spielerisch machst? Nimm Dir Zeit und suche Dir einen ruhigen Ort und versuche, kleine Dialoge mit den beiden Anteilen in Dir zu führen. Kannst du sie beide gelten lassen? Akzeptierst Du, was Du bist? und dass Du werden kannst und wirst, was Du bist? Und dass das so völlig in Ordnung ist? Und dass Du Deine Grenzen genau danach ausrichtest und immer dann veränderst, wenn Du soweit bist? Und dass Du Dich von außen dabei nicht stören lässt? Du könntest das mit dem Kordelspiel nochmals überprüfen.

Es mag zu früh sein, an dieser Stelle die Frage zu formulieren, wie es denn um Deine Wertschätzung Anderen gegenüber bestellt ist. Denn – falls Du Dich daran hindern solltest, Dich selbst wertzuschätzen, wird es Dir schwerfallen, Andere zu akzeptieren. Da unterbrichst Du ja den Selbstkontakt irgendwo und überträgst vielleicht die ungelösten eigenen Verstrickungen und unangenehmen Gefühle auf jemand Anderen. Sei Dir bitte bewusst, dass die ungehinderte Nächstenliebe (auch die, die die Bibel fordert) ein ausgewogenes Maß an Selbstakzeptanz und -wertschätzung voraussetzt. Damit ist kein unreflektierter Egoismus gemeint, denn wir leben ja in einem Feld von Beziehungen und uns geht es nur dann gut, wenn die Beziehungen, derer wie bedürfen, angemessen und ausgewogen existieren und sich entwickeln können. Selbstwertschätzung ist also grundsätzlich mit der Wertschätzung Anderer verknüpft. Das ist eine Symbiose. Beide sind voneinander abhängig.

Du kannst ausprobieren, wie Du Deine Mitmenschen wahrnimmst. Auch hierzu zitiere ich eine Übungssequenz von John O. Stevens, die ich besser nicht formulieren könnte. Für diese Übung braucht Ihr eine*n Partner*in. Solltet Ihr keine*n finden, dann probiert aus, ob Euch eine Imagination des Gegenübers möglich ist.

Wenn möglich, notiert Euch einige Stichworte zu Euren Statements oder lasst ein Aufnahmegerät die Sitzung dokumentieren.

„Setzen Sie sich einem Menschen gegenüber, mit dem Sie Differenzen und Meinungsverschiedenheiten haben und schauen Sie ihn an. Stellen Sie auch einen physischen Kontakt her. Bitte wechseln Sie sich ab, einander Ihre Ressentiments mitzuteilen. Fangen Sie jeden Satz mit den Worten an: „Ich nehme dir übel dass - " und äußern Sie klar und genau, was Sie am Partner auszusetzen haben. Sagen Sie immer abwechselnd jeder nur einen Satz, etwa fünf Minuten lang."

„Gehen Sie nun dazu über, in allen ausgesprochenen Sätzen das Wort „übel

nehmen" auszustreichen und es durch „anerkennen" oder „schätzen" zu ersetzen. Sagen Sie die neuen Sätze auch wieder abwechselnd zueinander. Probieren Sie die Sätze an, ob die Größe passt, wie man ein Hemd anprobiert, und machen Sie nach jedem Satz eine Pause, um Ihr Gefühl zu befragen. Ist in dem Satz, der nun mit „ich schätze" oder „ich anerkenne" beginnt, ein Körnchen Wahrheit? Zum Beispiel: Einer Ihrer Sätze hat vielleicht so gelautet: „Ich nehme Dir übel, dass du den Mund verziehst und mir ausweichst, wenn ich etwas sage, das dir missfällt." Wenn ich nun stattdessen sage: „Ich schätze es, dass du den Mund verziehst und mir ausweichst", so wird mir vielleicht klar, dass ich das tatsächlich anerkenne, denn nun brauche ich seinem Ärger und seinem Missfallen nicht direkt zu begegnen. Wenn Sie also irgendwo eine Anerkennung oder Zustimmung realisieren können, wiederholen Sie den Satz und fügen Sie einen zweiten Satz hinzu, der Ihre positive Reaktion erläutert."[8]

Ihr werdet vielleicht feststellen und empfinden (und zwar nun infolge konkreter Beobachtung und Gefühle und nicht infolge allgemeiner Annahmen), dass in jedem Gefühl, dass Ihr einem anderen gegenüber habt, auch mehr oder weniger Anerkennung stecken kann, wenn Ihr das wollt. Und dass Ihr diese Anerkennung in den Vordergrund holen könnt und damit eine verbesserte Ausgangsposition habt, um in den Beziehungen zur Umwelt gut zu leben. Vielleicht macht Euch das auch klar, dass umgekehrt auch Eure Verhaltensweisen, von denen Ihr glaubt, dass sie gut ankommen, auf Ressentiments stoßen können. Und vielleicht gibt Euch diese Erkenntnis das Gefühl, künftig achtsamer in Eurer Umwelt agieren zu wollen.

Begriffserklärungen:

Veränderung durch Akzeptanz: *„Der antike Philosoph Epiktet soll zu seinen Schülern gesagt haben: "Wir können die Dinge nicht immer ändern, aber wir können unsere Haltung gegenüber*

---

[8] Stevens, Die Kunst der Wahrnehmung, S. 128

den Dingen ändern." Selbst auf eine Todesdiagnose schauen Menschen ganz unterschiedlich. Obwohl es an der Situation selbst nichts zu ändern gibt. Die einen können der letzten, besonders intensiven Zeit etwas abgewinnen, die anderen empfinden alles als schrecklich, was da passiert. Beides ist berechtigt. Und beides, so nüchtern betrachten es die Philosophen, ist nur das Denken über einen Zustand, nicht der Zustand selbst. ... Als Marsha Linehan merkt, dass sich ihre Patientinnen vor allem missverstanden und angegriffen fühlen, wenn sie mit ihnen versucht, an ihren schädlichen Einstellungen zu arbeiten, dass sie nur noch frustrierter werden, weil sie längst wissen, dass alles leichter wäre, wenn sie anders wären, sie es aber eben nicht schaffen, da erkennt Linehan, dass vor der Veränderung ein anderer Schritt kommen muss: Akzeptanz. Akzeptanz der Realität. Und zwar radikal. "Viele Menschen glauben, dass, wenn man etwas akzeptiert, man es nicht verändern könne, aber das Gegenteil ist der Fall. Nur das radikale Akzeptieren der Gegebenheiten in unserem Leben erlaubt uns eine Veränderung", sagt Linehan." (Zeug, Radikale Akzeptanz)

Literaturtipps:

Wissen Frank**,** Weißt du, wie wertvoll du bist?, 2018

Üben

Akzeptanzübung: Eine vergangene Situation akzeptieren (Übung 12 Minuten) https://www.youtube.com/watch?v=1G7DbGrjdSg (zuletzt aufgerufen am 23.01.2020)

Das, was geschehen ist, kannst Du nicht mehr ändern. Akzeptiere das und lerne daraus für die Zukunft. https://fokusguide.de/tatsachen-akzeptieren-lernen/ (zuletzt aufgerufen am 23.01.2020)

Interessantes:

„Als ich mich selbst zu lieben begann,
konnte ich erkennen, dass emotionaler Schmerz und Leid
nur Warnungen für mich sind, gegen meine eigene Wahrheit zu leben.
Heute weiß ich: Das nennt man AUTHENTISCH SEIN.
Als ich mich selbst zu lieben begann,
verstand ich, wie sehr es jemanden beeinträchtigen kann,
wenn ich versuche, diesem Menschen meine Wünsche aufzuzwingen,
auch wenn ich eigentlich weiß, dass der Zeitpunkt nicht stimmt
und dieser Mensch nicht dazu bereit ist – und das gilt auch,

wenn dieser Mensch ich selber bin.

Heute weiß ich: Das nennt man RESPEKT.

Als ich mich selbst zu lieben begann,

habe ich aufgehört, mich nach einem anderen Leben zu sehnen

und konnte sehen, dass alles um mich herum

eine Aufforderung zum Wachsen war.

Heute weiß ich, das nennt man REIFE.

Als ich mich selbst zu lieben begann,

habe ich verstanden, dass ich immer und bei jeder Gelegenheit,

zur richtigen Zeit am richtigen Ort bin

und dass alles, was geschieht, richtig ist –

von da an konnte ich gelassen sein.

Heute weiß ich: Das nennt man SELBSTVERTRAUEN.

Als ich mich selbst zu lieben begann,

habe ich aufgehört, mich meiner freien Zeit zu berauben,

und ich habe aufgehört, weiter grandiose Projekte für die Zukunft zu entwerfen.

Heute mache ich nur das, was mir Spaß und Freude macht,

was ich liebe und was mein Herz zum Lachen bringt,

auf meine eigene Art und Weise und in meinem Tempo.

Heute weiß ich, das nennt man EINFACHHEIT.

Als ich mich selbst zu lieben begann,

habe ich mich von allem befreit, was nicht gesund für mich war,

von Speisen, Menschen, Dingen, Situationen

und von Allem, das mich immer wieder hinunterzog, weg von mir selbst.

Anfangs nannte ich das „Gesunden Egoismus",

aber heute weiß ich, das ist SELBSTLIEBE.

Als ich mich selbst zu lieben begann,

habe ich aufgehört, immer recht haben zu wollen,

so habe ich mich weniger geirrt.

Heute habe ich erkannt: das nennt man BESCHEIDENHEIT.

Als ich mich selbst zu lieben begann,

habe ich mich geweigert, weiter in der Vergangenheit zu leben und mich um meine Zukunft zu sorgen.

Jetzt lebe ich nur noch in diesem Augenblick, wo ALLES stattfindet,

so lebe ich heute jeden Tag und nenne es ERFÜLLUNG.

Als ich mich zu lieben begann,

da erkannte ich, dass mich mein Denken

armselig und krank machen kann.

Doch als ich es mit meinem Herzen verbunden hatte,

wurde mein Verstand ein wertvoller Verbündeter.

Diese Verbindung nenne ich heute WEISHEIT DES HERZENS.

Wir brauchen uns nicht weiter vor Auseinandersetzungen,

Konflikten und Problemen mit uns selbst und anderen fürchten,

denn sogar Sterne knallen manchmal aufeinander

und es entstehen neue Welten.

Heute weiß ich: ***DAS IST DAS LEBEN !“***

(Charlie Chaplin, anlässlich seines 70. Geburtstags)

Wut und Aggression

Zu den ersten Fragen, die ich meinen Patient*innen stelle, gehört oft: „Wann waren Sie zum letzten Mal wütend – und auf wen?" Das frage ich nicht in erster Linie im Rahmen einer Anamnese – ein Bild des jeweiligen Lebenshintergrundes fügt sich ja ohnehin im Laufe der ersten Sitzungen zusammen. Ich will wissen, wie es um den Energiehaushalt meiner Patient*innen bestellt ist, ob sie Wut zulassen und spüren können, was sie damit machen, vor allem, ob diese Wut nach außen oder nach innen gerichtet ist. Das gibt mir ja auch erste Hinweise auf mögliche mehr oder weniger typische Kontaktunterbrechungen. Ihr erinnert Euch – wer das Schwert gegen sich selbst richtet, unterbricht den guten Kontakt zu sich und zur Umwelt … .

Gefühlt ist die Häufigkeit, mit der „Wut" zumindest lange Zeit nicht zum Ausdruck gekommen, oft nicht einmal gespürt worden ist, bei meinen Patient*innen größer als die Anzahl der geschilderten Begebenheiten, wo Wut nach außen gerichtet wurde. Nach innen ja – auf sich selber sind viele wütend. Das wird dann oft als die „moralischere" Variante betrachtet, weil so ja niemand anderem Schaden zugefügt werden könnte. Als sei es moralischer, sich selber zu schaden! Da können introjizierte Normen, wonach Wut etwas Schreckliches sei, eine entscheidende Wirkung erzielen und den gesunden Selbstkontakt zum Erliegen gebracht haben. Es ist sicher nicht angemessen, Wut nachhaltig zu unterdrücken. Aber natürlich ist es auch nicht angemessen, wütend ziellos um sich zu schlagen.

Wut, so die Erklärung bei wikipedia *„ist eine sehr heftige Emotion und häufig eine impulsive und aggressive Reaktion (Affekt), die durch eine als unangenehm empfundene Situation oder Bemerkung, z. B. eine Kränkung, ausgelöst worden ist. Wut ist heftiger als der Ärger und schwerer zu beherrschen als der Zorn. Wer häufig in Wut gerät, gilt als Wüterich. Implizit ist damit* *ausgesagt: Wer leicht in Wut gerät, ist weniger gut imstande, sich selbst zu kontrollieren".*

Tatsächlich erscheint Wut hier als etwas Gefährliches, etwas, was weniger gut geeignet ist – in diesem Fall sich selbst zu kontrollieren. Das klingt nach Mangel und danach, Wut besser nicht zulassen zu sollen. Wer will schon gerne ein „Wüterich" sein. Quer durch die Literatur, vom Struwwelpeter bis zu Schiller, ist der „Wüterich" ein schlecht beleumundeter Geselle. Im gesellschaftlichen Kontext wird Wut im Kontext etwa des Strafgesetzbuches als etwas ziemlich Kniffeliges geführt, u.a. im Zusammenhang mit Mord und Totschlag: *„Gefühlsregungen wie Eifersucht, Wut, Ärger, Hass und Rache kommen in der Regel nur dann als niedrige Beweggründe in Betracht, wenn sie ihrerseits auf niedrigen Beweggründen beruhen, was am ehesten der Fall ist, wenn diese Gefühlsregungen jeglichen nachvollziehbaren Grundes entbehren".(https://www.hrr-strafrecht.de/hrr/3/11/3-425-11.php).*

Für unseren Zusammenhang schließen wir aus, dass Wut aus niedrigen Beweggründen entstanden ist und sie jeglichen nachvollziehbaren Grund entbehrt. Es ist mir ohnehin nicht klar, wie das funktionieren kann. Ein derart hohes Erregungsniveau, wie das der Wut, produziert kein Organismus grundlos – aber auch nicht zwecklos. Es gilt also, auf einen (angemessenen) Zweck abzuzielen. Und der hat ganz sicher etwas mit Zerstörung und/oder Vernichtung und mit Aggressionen zu tun. Und das kann Angst machen. Und die kann hier sehr nützlich sein.

Es erscheint daher ratsam, sich zunächst einmal mit den Begrifflichkeiten zu beschäftigen, die hier auftauchen und die oft unkritisch oder unreflektiert gebraucht und vermischt werden. Mit „Zerstörung" bezeichnen Gestalttherapeuten die *„Umgestaltung eines Objekts im Organismus/Umwelt-Feld; Emotion: warm und lustvoll. Mit Vernichtung die kalte und distanziert empfundene Beseitigung eines solchen Objekts im Organismus/Umwelt-Feld. Wut* *umfasse beide Gefühle (Vernichtungswillen und Zerstörungslust) zusammen und sei in einem schwierigen Umfeld notwendig, damit ein Organismus gut leben könne (so das Lexikon der Gestalttherapie)".*

Zerstörungslust und Vernichtungswille sind die beiden reinen Formen der Aggression, die dann zum Einsatz kommt, wenn Initiative ergriffen wird. Dies kann zielführend und nützlich sein, aber auch ziellos und destruktiv. Unterdrückte zielgerichtete (und damit im hier gemeinten Zusammenhang „positive") Aggression schlägt um in destruktive Gewalt und Terror – und das auch im politischen Feld. Daraus schlussfolgern wir, dass „positive" Aggression lebensnotwendig ist, sofern wir unsere Bedürfnisse ernst nehmen und sie befriedigen wollen, dass sie und ihre Zielrichtung aber ungehindert wahrgenommen und reflektiert werden müssen, bevor wir entsprechend initiativ werden: „positive" Aggression kann ein abgelehntes Objekt (Schmerz, Fremdkörper, Gefahr) aus dem Organismus/Umfeld-Feld beseitigen, überlebte Konstellationen zerstören, die sich als hinderlich oder störend erweisen, oder sie kann *„(...) einen Konflikt lösen, indem etwas Neues an die Stelle des Bestehenden gesetzt wird, das dem fehlbaren Urteil der Handelnden nach besser ist als das Bestehende."* Wir kommen nicht umhin, die Kuh zu schlachten, bevor wir das Steak essen und nicht umhin, den Apfel zu pflücken, hinein zu beißen und ihn zu zerkauen bevor wir ihn verdauen können, heizen können wir nur mit gespaltenem Holz, Karriere können wir nur machen, wenn wir Konkurrenten aus dem Feld schlagen und auch an der Ladenkasse sind vielleicht manchmal die Ellenbogen gefragt, um nicht selber aus dem Weg gedrängt zu werden. Dem Pferd im Flur und (anderen) Introjekten müssen wir wohl oder übel ebenfalls aggressiv begegnen. Gestaltarbeit findet also zwischen den Polen: „Was ist, darf sein" und „Was ist, muss weg" (und das darf sein) statt und wir sind aufgerufen, dazwischen selbstverantwortlich Haltung zu beziehen und entsprechende Initiativen zu ergreifen, wenn es uns sinnvoll erscheint (und dabei achtsam mit der Tatsache umzugehen, dass unser Urteil fehlbar sein kann). Das ist sicher keine leichte Aufgabe. Sie erübrigt sich aber nicht dadurch, dass wir statt Haltung zu beziehen, den Wetterbericht anschauen.

Meine entsprechende Grundhaltung stößt dabei durchaus gelegentlich auf Widerstand. Einige meiner Patient*innen reagieren dann, wenn ich die Gelegenheit spüre, Aggressionen (bei mir oder bei ihnen) zu benennen, mit Abwehr oder Bestürzung. Das tut auch „die Gesellschaft" und das tun ihre Vertreter. Sie bewerten (grundsätzlich) individuelle Prozesse der Selbstregulierung, der Awareness und der Selbstverantwortung, die Aggression und Widerstand erkennen lassen, misstrauisch und negativ – und zwar vorab, flächendeckend, präventiv und – wo nach ihrem Ermessen nötig – restriktiv oder sanktionabel. Das kann (der individuellen Entwicklung und der „Volks"Gesundheit) mehr schaden als nutzen (zum Beispiel in den vielen widersinnigen „Förder-"projekten zur Integration von langzeitarbeitslosen Mitmenschen durch die Jobcenter). Dass dort die „positive" Aggression in destruktiven Aktionismus der Betroffenen umschlagen kann, davon lesen wie immer wieder in den Zeitungen. Als psychologischer Berater in einem Reformprojekt zur Integration arbeitsmarktferner Langzeitarbeitsloser habe auch ich das jahrelang erlebt. Da galt es dann erstmal, diese destruktiven Impulse wahrzunehmen und Akzeptanz zu vermitteln, damit sinnlose Manöver von konstruktiven Initiativen unterschieden werden konnten. Damit war dann aber erst der Anfang gemacht. Das sind komplexe und vielschichtige Prozesse, die Wertschätzung, Zeit und Raum brauchen zu ihrer Entfaltung, Entwirrung und Neuausrichtung.

Es geht zunächst einmal um Initiative. *„Wer in unserer weitgehend mechanisierten, unpersönlichen Gesellschaftsstruktur eine positive, engagierte Lebenseinstellung entwickeln und sich erhalten möchte, bedarf dazu der Fähigkeit und Motivation zur aggressiven Initiative, denn nur dann wird er seine Bedürfnisse* *befriedigen und seine Ziele erreichen können. Die Unfähigkeit, eigene Interessen frei und entschlossen zu verfolgen, führt zur Isolation, erweckt Misstrauen gegen die Umwelt und lässt den Menschen nach Ersatzbefriedigungen suchen. Solche findet er dann im unpersönlichen, materiellen Bereich; und zwar flüchtet er sich entweder in Aktivitäten, die ihn von sich und seinen wahren Wünschen ablenken (...) oder er entwickelt ersatzweise befriedigende Gewohnheiten – dazu gehört das Essen, der Alkohol und endlich das Rauschgift. Ein solcher Mensch geht wohl sogar zu Psychotherapie zu dem Zweck, sich Anteilnahme zu erkaufen." (Bach/Goldberg,1990).* Ein Lob aber der Selbsterfahrung! Und dazu begeben wir uns wieder in eine (Partner)übung. Ihr braucht also zunächst genügend Energie, um Euch einen solchen Partner zu „organisieren". Natürlich darf das auch eine Partnerin sein. Und vielleicht ergibt sich im Rahmen der Suche nach einem entsprechenden Mitmenschen aus Eurem privaten oder besser aus Eurem sozialen Umfeld schon die eine oder andere Gelegenheit, mit besonderer Awareness vorzugehen, Kontakt und Grenzen, Wertschätzung und Akzeptanz oder auch Eure kreativen Kontakt(unterbrechungs) funktionen auszutesten. Das darf durchaus eine Zeit dauern. Setzt Euch nicht unter Druck.

George R. Bach und Herb Goldberg stellen in ihrem Buch: Keine Angst vor Aggression, die Kunst der Selbstbehauptung die folgende Übung vor – sie heißt „Vesuv" und wird etwa 15 bis 20 Minuten dauern.

„Bitte fragen Sie Ihren Partner/Ihre Partnerin, ob es ihm/ihr recht ist, für einige Minuten Ihr verbales Wutobjekt zu sein. Fragen Sie ihn/sie bitte ausdrücklich *(Bist Du bereit, meine Wut anzuhören?)* und antworten Sie auch ausdrücklich. Sie geben Ihrem Partner eine Rolle, an der Sie aufgestaute/oder verdrängte Wut abreagieren können. Das kann ein Mitglied der Familie „Vater, Mutter, Kind, Schwiegermutter" oder aus ihrem sozialen Umfeld „Nachbar/in, (Mitarbeiter/in des Jobcenters), ehemaliger Arbeitgeber" etc. sein. Die Übung ist auf einen einseitigen Gefühlsausbruch hin angelegt. Versuchen Sie als aktiver

Partner also wirklich möglichst ehrlich und möglichst authentisch und rücksichtslos zu agieren. Ihr Partner/Ihre Partnerin hat Ihnen vorher die Erlaubnis dazu gegeben. Bitte beschimpfen Sie Ihren Partner/Ihre Partnerin nun ca. 3 bis 4 Minuten lang mit Allem, was Ihnen einfällt.

Der passive Partner hört bitte nur zu und nimmt bewusst wahr, was ihm/ihr an sich selbst auffällt. Ändert sich das Körpergefühl, mobilisiert Ihr Körper Adrenalin, fühlen Sie sich persönlich gemeint, was tun sie dagegen, haben Sie Fluchtwünsche, „machen Sie zu" ? etc.

Wechseln Sie anschließend die Rollen und wiederholen Sie die Übung in umgekehrter Weise.

Setzen Sie sich anschließend mit Ihrem Partner/Ihrer Partnerin an einen ruhigen Platz und tauschen Sie sich über Ihre Erlebnisse aus. Bitte vergessen Sie nicht, sich bei einander für die gemeinsame Arbeit zu bedanken."

Wie fühlt Ihr Euch jetzt? Hat Euch die Übung vielleicht Erleichterung gebracht, fühlt Ihr Euch befreit von einer Last? Oder schämt Ihr Euch? Wofür? Soll das so bleiben? Es geht hier zunächst einmal darum (auf beiden Seiten der Begegnung), Wut zu spüren, Wut spüren zu dürfen (denn Ihr habt ja die Erlaubnis eingeholt bzw. gegeben), diesem Gefühl mit Aufmerksamkeit und Awareness zu begegnen, Euch die Frage zu stellen, ob Ihr dieses Gefühl und seinen Ausdruck akzeptieren könnt, dass das zu Euch gehört – und letztlich um die Frage, ob Ihr Euch vorstellen könnt, diese Energie zu nutzen oder nutzbar zu machen. Seid Ihr stolz auf Eure Leistung? Hat Euch der Partner in dieser Übung dazu ermutigt? Durch sein Verhalten oder durch seinen Kommentar am Ende der Übung? Bitte denkt daran: „Was ist, darf sein". Wenn Ihr das so fühlt, dann ist Veränderung im Gange.

Solltet Ihr keinen Partner und keine Partnerin für diese Übung gefunden haben, dann werdet gewahr, welche Gefühle das in Euch auslöst. Seid Ihr ärgerlich, wütend, traurig?

Ihr könnt Euch damit behelfen, dass Ihr, wenn Ihr darüber wütend oder ärgerlich geworden seid, ein (großes) Stück Papier nehmt und Farbstifte, und dass Ihr Eure Gefühle in dieser Situation malerisch zum Ausdruck bringt. Das Bild muss nicht schön oder besonders expressiv oder technisch versiert sein, es soll nur so authentisch wie möglich Euer Gefühl in diesem „Hier und Jetzt“ abbilden. Ihr könnt dieses Bild aufhängen, immer wieder einmal betrachten, Gästen zeigen und sie fragen, was das Bild bei ihnen auslöst (sie sollen das Bild aber nicht interpretieren, kein Werturteil abgeben oder Dinge dazu dichten, die sie nicht sehen, von denen sie aber unterstellen, dass sie fehlen). Das ist Euer Wutbild, das dürft Ihr so (auch) verteidigen, wie es ist.

Und sollte Euch auch das nicht möglich sein, dann könnt Ihr vielleicht in den Garten gehen und Holz hacken. Und gewahr sein, dass Ihr da etwas Nützliches tut, sofern Ihr vorab bedenkt, in welchen Formaten die Holzscheite in den Ofen passen. Und gewahr werden, dass es einen großen Unterschied macht, ob Ihr das Holz im Garten sinnlos zerhackt und zersplittert oder ob Ihr nützliche Scheitformate bekommt. Macht Euch das Freude?

Vielleicht mögt Ihr an dieser Stelle kurz innehalten und Euch ein paar Minuten auf Euren Atem konzentrieren. Tief- ein und Ausatmen.

Und dann daran denken, dass Ihr und wir nicht hier wären, und diese Übung machen könnten, wenn sich unsere Vorfahren nicht über tausend Generationen und länger in teilweise auch wütenden und aggressiven Auseinandersetzungen durchgesetzt hätten. Dabei meine ich keine anonyme Masse von Vormenschen, Frühmenschen, Feldherren und historischen Persönlichkeiten sondern Eure und meine Urgroßväter, Großväter und Väter und Mütter. Die haben unter anderem auch den Zweiten Weltkrieg überlebt – und das war nicht einfach und nicht damit getan, lieb, nett und gefühlvoll zu agieren. Wir sind als Menschen sicher nicht in der komfortablen Situation, ohne diese Wut- und Aggressionsenergien zu(über)leben. Dann aber sollten wir mit ihnen vertraut sein.

Ich stoße in meinem persönlichen Umkreis immer wieder einmal auf ein*e Gesprächspartner*in, der/die mir die Frage stellt, ob ich Vegetarier sei. Auch wenn ich diese Frage meist direkt mit „nein" beantworte und weitere Kommentare von der Sache her nicht nötig wären, folgt meist eine Erklärung auf dem Fuß. Es sei ja nun erwiesener Maßen höchst unmoralisch, wie Tiere in unserer Gesellschaft gehalten werden und dass es ja auch grundsätzlich bedenklich sei, Tiere zu schlachten. Man traut mir keine entsprechende Haltung zu, die den Verzehr von Schnitzel und Steak zulassen würde.

Tatsächlich habe ich in einem „früheren" Leben – in den 80er und 90er Jahren sogar selbst Lämmer und Kaninchen geschlachtet – damals lebte ich u.a. als Selbstversorger auf einer griechischen Insel. Es gehörte also für mich dazu, mich ernsthaft mit der Sache auseinanderzusetzen, sonst hätte ich weder eine kleine Schafherde noch Ziegen, Kaninchen und Geflügel halten können. Gerne habe ich das nie gemacht – aber auch kein Schuldbewusstsein entwickelt oder den Kontakt zu mir unterbrochen. Ich bin mir allerdings bewusstgeworden, dass ich aus einem entsprechenden Blickwinkel heraus betrachtet ein Schädling bin. Das akzeptiere ich. Ich versuche, mich in dieser Rolle möglichst anständig, technisch geübt und mit angemessenem Respekt gegenüber meiner Umwelt – und in diesem Fall gegenüber meinen Opfern - -zu verhalten und nicht mehr Leid zu erzeugen, als unbedingt notwendig ist für meine Ernährung und die meiner Familie.[9] Dazu gehört es heute auch, bei der Auswahl des angebotenen Fleisches auf seine Herkunft, auf artgerechte Haltung und angemessene Schlachtmethoden zu achten.

Aber ich bin damals wie heute der Meinung, dass die unaufmerksame Ernte eines Salatkopfes oder einer Rübe in deren Bezugssystemen ebenso „Angst" machen kann, wie unsachgemäßes Schlachten (sachgemäß sollte das vor Ort und

---

[9] wie ich heute weiß, stellt ja z.B. der Schamanismus eine sehr enge und respektvolle Verbindung zwischen Jäger und Jagdbeute her und ganzheitliche Bewältigungsmuster für den Jäger zur Verfügung.

sehr schnell gehen). Wer sich mit der Kommunikation von Bäumen beschäftigt oder die letzten Meldungen über die „Schreie" von Pflanzen in Notlagen wahrnimmt, wird nicht umhinkommen, auch Vegetarier für ebensolche Schädlinge zu halten[10]. Ich scheue davor zurück, deren Treiben für mehr oder weniger schwerwiegend zu halten, habe mich aber noch nicht nachhaltig festgelegt. Aggressiv ist die Ernte von Pflanzen jedenfalls auch.

Begriffserklärung:

Aggression: *„Das Wort entstand im 18. Jahrhundert aus dem lateinischen »aggressio«. »Aggressio« setzt sich aus »gressio« (Schreiten, Schritt, Gehen) und der Vorsilbe »ad« (heran) zusammen und bedeutete »Angriff« gewaltsamer Art, wurde aber auch im übertragenen Sinne als »Angriff durch Rede« verwendet; in der Diskussion hieß es »Schlussfolgerung«; das dazugehörige Verb »aggredior« (ad-gredior) stand sowohl dafür, sich friedlich als auch sich feindlich zu nähern (einem Menschen oder einer Sache)". (Gestalt Lexikon)*

Literaturtipps:
Wissen
Blankertz, Verteidigung der Aggression, 2010
Kratz, Hilfe und Entfremdung, 2015
Üben
Bach und Goldberg, Keine Angst vor Aggression, 1990

Interessantes:
Christian Stöcker, Die Kinder sind längst noch nicht wütend genug, 31.03.2019

[10] vgl. z.b. Wohlleben, Das geheime Leben der Bäume, 2015 und https://www.focus.de/wissen/natur/pflanzen-schreien-unter-stress-studie-zeigt-erstaunliches-phaenomen_id_11444755.html (zuletzt aufgerufen am 03.02.2020)

Furcht und Angst

„Wenn Ihr Angst habt und überhaupt nicht wisst, wovor Ihr Angst habt, ihr eure Erregung nicht kennt, atmet zumindest! Wenn ihr das tut (einen tiefen Atemzug nehmt), habt ihr weniger Angst". (James S. Simkin)

Angst ist klar definiert als Erregung (durch Ärger, Freude, Trauer oder Sexualität) ohne genügende Unterstützung durch Sauerstoff. Sie macht sich im Brustbereich bemerkbar. Dort tritt ein Engegefühl auf. Ich empfehle Euch, dabei zu bleiben und Euer Gefühl nur dann „Angst" zu nennen, wenn es körperlich spürbar ist. Wer Höhenangst kennt, weiß, welche körperlichen Reaktionen da im Vordergrund stehen. Die Luft bleibt weg, man fühlt sich schwindelig und von der Tiefe angezogen, man muss sich festhalten und Hände und Füße kribbeln und werden feucht oder sogar nass.

Angst kommt also im Körper zum Ausdruck. Und je mehr man versucht, die Angst zu unterdrücken, desto stärker wird sie. Wenn das nicht der Fall ist, dann geht es sicher nicht um Angst.

Daher ist es ungemein hilfreich, die vielen „Angst-"phänomene, mit denen wir uns alltäglich umgeben, nicht zu unterdrücken sondern genauer zu betrachten und zu differenzieren. Furcht und Sorge, Lampenfieber, Ärger, Freude, Trauer und sexuelle Erregung versetzen uns in Zustände, die viele Menschen mit „Angst" gleichsetzen, weil sie Erregung spüren und dann nicht genauer hinschauen wollen, wer oder was die Erregung verursacht. Da kommt dann unter Umständen „Angst" vor der „Angst" auf, der Blick wird unscharf oder wendet sich ab und die Lösungen heißen: fliehen, erstarren, kämpfen oder fragmentieren und abspalten. Das sind archaische, nichtsdestoweniger „neurotische" Reaktionsmuster, die zwar die „Angst" kurzfristig erträglich machen, langfristig aber doch keine Lösung bieten. Sie führen zwangsläufig zum Kontaktabbruch. Es macht daher Sinn, doch genauer hinzuschauen und wahrzunehmen, woher die Erregung stammt. Und dabei vielleicht festzustellen, dass die „Angst" aus einer Vorfreude herrührt, dass sie einem „Lampenfieber", einer Spannung zwischen dem „Jetzt" und dem „Später" entspringt, die sich überbrücken ließe, dass sie einen konkreten Anlass hat und die Furcht vor einem bevorstehenden Ereignis betrifft, das sich vielleicht auch rational noch greifen und mit dem Verstand lösen lässt ... . Auch hier geht es um die Awareness der Möglichkeiten, die trotz der Angst gegeben sein können und um das Gewahrsein selbst, das Bezug und Abstand schaffen kann. In der Praxis geht es meist um die vielen kleinen Kontaktabbrüche aus Angst vor dem großen Konflikt. *„Dabei ist nicht die Angst vor oder in einem Konflikt problematisch (sie ist vielmehr eine gesunde Reaktion in einem gesunden Zusammenhang), sondern der ständig vorzeitig abgebrochene Konflikt ruft die problematische Angst hervor – keine »große« Angst, sondern eine dauernde kleine Spannung: die Angst, in eine Situation verwickelt zu werden, in der ein Konflikt unausweichlich oder zumindest nützlich wäre, aber nicht ausgetragen wird, und die Angst, dass die vielen unausgetragenen Konflikte zu Tage treten könnten. Es ist nämlich genau die gesellschaftliche Ächtung und Unterdrückung der individuellen Aggression – der Möglichkeit, sich im Konflikt die Umwelt anzupassen, anstatt der Umwelt angepasst zu werden –, die die chronische Angst erzeugt." (Lexikon der Gestalttherapie)*

Antje Abram und Daniela Hirzel haben in ihrem Praxishandbuch für alle sozialen Berufe - „Fühlen erwünscht" - einen Fragebogen zur Bearbeitung von Angst veröffentlicht (und der ist auch für Kinder ab 6 Jahren geeignet und sollte daher keine Angst machen ...), der dazu dient, in diesem schwierigen und spannenden Zusammenhang ein wenig Sachlichkeit, konkrete Bezüge und Informationen zu focussieren, was an sich schon einer unbestimmten Angst entgegenwirken kann. Ich zitiere den Fragebogen hier:

„ 1. Um welche Angst handelt es sich?

2. Wie ist genau das körperliche Empfinden, wenn diese Angst auftritt?

3. Gibt es noch weitere Personen, die an dieser Angst beteiligt sind?

4. Welche Bedeutung hat diese Angst im gesamten Leben?

5. An welchen Orten oder Schauplätzen tritt die Angst auf?

6. In welcher Intensität tritt die Angst auf?

7. Wie häufig tritt die Angst auf?

8. Gibt es eine Vorgeschichte zu dieser Angst?

9. Gibt es bei anderen Menschen des Familiensystems ähnliche Ängste?

10. Wie verändert sich die Wahrnehmung, wenn die Angst das ist?

11. Wie ist das persönliche Verhalten, wenn die Angst da ist?

12. Welche Bewältigungsversuche existieren?

13. Gibt es eine Metapher oder etwas anderes, das die Angst gut beschreiben würde?

14. Gibt es „Katastrophenfantasien“ bezüglich der Angst? Was ist das Allerschlimmste, das passieren könnte?“

Ich habe das Gefühl, dass es Sinn machen kann, einige Konzentration und Zeit auf diese Fragen zu verwenden und dabei auch genau zu beobachten, welche Antworten Euch ohnehin schon naheliegen und daher schnell oder spontan zur Verfügung stehen, und welche Antworten Zeit brauchen (in der Du spüren kannst, dass sie Zeit brauchen und entscheiden kannst, ob Du ihnen Zeit geben magst oder nicht), und welche Antworten sich gar nicht einstellen wollen (und Du spüren kannst, wie es Dir damit geht).

Ihr könnt auch überlegen, welche Metapher oder welcher (persönliche)

Gegenstand Eure Angst gut symbolisiert. Und wenn das ein Gegenstand ist, diesen Gegenstand zu euch holen oder nehmen und schauen, wie es Euch in seiner unmittelbaren Gegenwart geht. Wenn Ihr einen Impuls verspürt, diesem Gegenstand etwas zu tun oder zu sagen, dann tut oder sagt das. Ihr könnt ihn verschwinden lassen, in den Müll oder aus dem Fenster werfen, zerstören oder verstecken, ihr könnt ihm auch mitteilen, dass und wieviel Angst ihr habt und dass Ihr ihn ausgewählt habt, die Angst zu symbolisieren. Oder Ihr fordert ihn auf, mit Euch zu sprechen, sich Euch zu öffnen. Spielt mit diesem Gegenstand, soweit Euch das möglich ist. Und dann haltet inne, atmet tief ein und aus und werdet gewahr, dass Ihr gerade mit Eurer Angst Umgang gepflegt habt. Dass Ihr also mehr seid, als Eure Angst.

Und Ihr könnt dann oder ein anderes Mal darüber nachdenken, ob es einen anderen Gegenstand gibt, der Euch vor der Angst schützen kann. Nehmt auch diesen Gegenstand zu Euch (das kann ein Stein oder ein Amulett, ein besonderes Schmuckstück oder eine Decke oder etwas sein, das Euch einmal Glück gebracht hat) widmet ihm Eure Aufmerksamkeit und tragt ihn eine Weile zu Eurem persönlichen Schutz. Natürlich könnt Ihr auch mit ihm immer wieder sprechen oder ihn auffordern, Euch etwas zu erzählen. Werdet gewahr, dass es also etwas geben kann, das Euch vor Angst beschützt.

Eine andere Übung, um mit der Angst in Berührung zu kommen – ohne sich ihr auszuliefern – kann darin bestehen, dass Ihr den (oder einen) Gegenstand, der Eure Angst symbolisiert, vor Euch oder in die Mitte des Raumes legt und damit beginnt, einen Weg von Euch zu dieser Angst zu gestalten. D.h. Ihr legt in einigem Abstand zu Eurem Angstgegenstand noch etwas anderes in den Raum, das Euch im „Hier und Jetzt" darstellt. Probiert aus, welcher Abstand dafür angemessen ist. Deine Aufgabe ist es nun, den Weg von Dir zur Angst mit allen möglichen Materialien und Gegenständen zu markieren und zum Ausdruck zu bringen. Lasse Dir Zeit dafür. Du kannst immer wieder nach passenden Gegenständen suchen und spüren, was innerlich passiert, wenn Du sie auslegst. Fällt Dir das leicht? Oder gibt es ein Zögern? Spürst Du Widerstand und wofür dieser Widerstand gut ist? Brauchst du Unterstützung, um diesen Weg auszulegen? Von wem? Wenn Du fertig bist, dann tritt ein paar Meter zurück und betrachte Dein Werk. Was spürst Du jetzt, was siehst Du? Hast Du Angst?

Begriffserklärung:
Der Begriff Angst hat sich seit dem 8. Jahrhundert von indogermanisch **anghu* „beengend" über althochdeutsch *angust* entwickelt. Er ist verwandt mit lateinisch *angustus* bzw. *angustia* für „Enge, Beengung, Bedrängnis" (siehe auch Angina) und *angor* „Würgen". (wikipedia)

Literaturtipps:
Wissen
Willi Butollo und andere, Verhaltens- und Gestalttherapie bei Angststörungen,1997, S. 167-172
Interessantes:
Leben mit der Angst | SWR Nachtcafé Im Internet:
https://www.youtube.com/watch?v=FVVAJNnVjlc (zuletzt aufgerufen am 07.02.2020)

Vom Umgang mit schwierigen Mitmenschen

(Ex)partner*innen, Vorgesetzte, Nachbarn und Kollegen, sogar nahe Verwandte können bisweilen zu den am meisten gehassten (oder weniger gefühlsintensiv: zu den lästigsten) Mitmenschen gehören oder zumindest außerordentlich belastende Auseinandersetzungen nötig machen. Und sie können je nach Entfernung, Position und Beziehungsqualität, oder nach dem Grad Eurer bereits errungenen inneren Freiheiten, oder der Angemessenheit von Techniken zur Lebensbewältigung, Euer Leben zur Hölle werden lassen.

Sie sind aber leider weder hier und jetzt greifbar noch lassen sie sich einfach in ein therapeutisches Geschehen verwickeln. Denn auch diese unliebsamen Zeitgenossen sind freie Menschen in einem demokratischen Staat. Sie dürfen – in Grenzen – lästig sein und Euch etwas zumuten. Das gilt umgekehrt ja auch.

Das ist ja auch die Regel. Ich kenne niemanden, der solche Mitmenschen nicht kennengelernt hat. Größere (der Streit um Unterhalt oder das Erbe, Zuständigkeiten und Verantwortung im Betrieb) oder kleinere Konflikte (die Positionierung der Mülltonnen und der Fahrräder vor dem Hauseingang, den Lautstärkepegel des Fernsehers betreffend oder lästige Alltagsgewohnheiten) lassen sich auf Dauer nicht einfach ignorieren.

Da lässt sich sicher auf sachlicher Ebene das eine oder andere klären, da lassen sich Fachleute, zum Beispiel Rechtsanwälte beauftragen (die dann nicht nur die fachliche Strategie entwickeln können und vertreten sollen, sondern auch die Verantwortung teilen und damit auch emotional entlasten, wenn Ihr das zulasst und wollt). Da gibt es vielleicht einen Betriebsrat, der Euch gegenüber dem Chef vertreten kann oder einen Hausmeister/eine Hausverwaltung, die das nachbarschaftliche Nebeneinander besser zu organisieren hilft. Aber das reicht vielfach nicht, wenn Eure Gefühle im Spiel sind und Ihr den ursprünglichen

Sachverhalt womöglich schon verblassen seht oder ihn ohnehin nie in den Vordergrund gerückt hattet. Da sind dann unter Umständen doch andere Ressourcen nötig: zum Beispiel die Kenntnis der hier behandelten Kontaktunterbrechungen und die Zeit und der Wille, doch wieder auf sich selbst zu schauen. Das gilt ja eigentlich immer. Diejenigen, die in Euren Prozessen eine Rolle spielen, die aber nicht persönlich verfügbar sind, die müsst Ihr entweder imaginieren oder aus dem Spiel lassen. Es geht um Euch und Eure Ressourcen zur Veränderung unliebsamer oder untragbarer Verhältnisse.

Das heißt, wir setzen jetzt wieder bei den Funktionen an, die Euer Kontakt- und Grenzverhalten auszeichnen. Glücklich hier, wer deflektieren kann. Den Konflikten aus dem Weg zu gehen und/oder sie mit diplomatischem Geschick zu managen – ohne auf den Kern der Spannungen zu treffen – das kann in der Nachbarschaft aber auch im Büro oder in der Auseinandersetzung mit sich entfernenden Mitmenschen (Expartner*innen) durchaus ein probates Mittel sein. Das löst den Konflikt wahrscheinlich nicht – aber das mag auch gar nicht unbedingt erforderlich sein, wenn Ihr Spaß am Smalltalk und an diplomatischen Mitteln habt. Die wollen ja auch gelebt werden. Und es könnte ja auch sein, dass Ihr den Kontakt tatsächlich abbrechen wollt. Warum nicht. Manchmal ist Amputation der einzige Weg, um gesund zu bleiben.

Ihr könnt darüber hinaus aber auch prüfen, ob Ihr den missliebigen Konfliktpartner wirklich richtig einschätzt und beurteilt. Falls Ihr phantasiebegabt seid, könnte es ja auch sein, dass Ihr ihm Dinge, Motive und Gefühle unterstellt und andichtet, die Euch zwar selbst (leider) gut bekannt und vertraut sind, die mit ihm aber gar nichts zu tun haben. Denkt an die armen Nachbarn und den Partykeller! Und dann könnte sich herausstellen, dass der Konflikt gar nicht in der Sache seinen Grund findet, sondern darin, dass Eure Phantasie den Gegner vor eine unlösbare Aufgabe stellt. Geht er auf Euch ein, dann unterbricht er vielleicht seinen gesunden Selbstkontakt, weil er sich eine Antwort auf etwas einfallen lassen muss, was ihn gar nicht betrifft, und die dann ihrerseits natürlich schief ist und als unangemessen bei Euch ankommt. Daraus kann sich eine Spirale an Missverständnissen entwickeln, aus der niemand so leicht mehr herausfindet. Geht er nicht auf Euch ein und bleibt bei sich, betrachtet Ihr das vielleicht als Unverschämtheit – denn er ist ja auf Euer Anliegen nicht eingegangen. Auch das trägt nicht zum Frieden bei.

Als Gegenmaßnahme wäre es in so einem Fall hilfreich, das Gespräch doch nochmal zu suchen, vielleicht einen neutralen Vermittler um Anwesenheit zu bitten und erstmal den Versuch zu starten, den Konfliktpartner in seiner Befindlichkeit zu verstehen, seine Motive kennen zu lernen, seine Not (wenigstens einen Augenblick lang) zu spüren. Und darauf zu reagieren. Das könntet Ihr gegebenenfalls auch vorher in einem imaginierten Dialog zu Hause auf dem Sofa üben. Versetzt Euch dabei auch in den Nachbarn/Kollegen/Verwandten und versucht, in dieser Rolle mit Euch zu sprechen. Vielleicht erfahrt Ihr etwas Neues?

Ich weiß auch aus eigener Erfahrung, dass es manchmal verführerisch ist, sich in einem solchen Konflikt auf ein sicheres Podest zu stellen (Therapeuten, Richter, Lehrer und Pfarrer sind da geübt), das Ganze von oben herab oder aus (unangemessener) Distanz zu beobachten und zu bewerten und damit die Konfliktspannung abzuschalten. Sich selber erhaben zu fühlen über die alltäglichen Belange der Müllentsorgung oder der Arbeitsteilung im Büro, das ist viel vergnüglicher als die Spannung auszuhalten. Der Nachteil ist aber, dass ich so von oben herab den Konflikt auch nicht lösen kann (es sei denn, ich bin von der Sache her dazu legitimiert, das seid Ihr aber meist nicht) und dass ich – sofern ich den Kontakt an dieser Stelle verschiebe – mit dem Konfliktpartner nicht in Verbindung bleibe, das Problem also aus dem Focus gerät. Ich kann mich an dieser Stelle auch klein machen. (Wieder einmal) versagen vor den Anforderungen, die an mich gestellt werden. Aber auch dabei gerät der Konflikt ins Abseits und wird nicht gelöst. Da wäre es besser, wenn Ihr einen Weg fändet, in der konkreten Spannung und bei dem Konfliktpartner zu bleiben und notfalls auch hart zu diskutieren und Ichbotschaften formuliert, um damit möglichst nahe am Konflikt zu bleiben – so lange, bis Ihr einen ersten Schritt zur Lösung gefunden habt und spürt. Ein solches Verhalten setzt aber ein relativ gesundes Empfinden für Eure Aggressionen voraus und hilft zugleich, diese weiterzuentwickeln.

Ihr könnt Euch auch überlegen, ob Ihr dem unliebsamen Gegenüber unbewusst und –gewollt mit Vorurteilen (Introjekten) begegnet, die eine Verständigung verhindern oder ob der Konfliktpartner von solchen Introjekten gesteuert wird. Rassismus, Diskriminierung, Kinderfeindlichkeit, geschlechtsspezifische Vorurteile, hierarchische Muster, unangemessene Überzeugungen – da gibt es Vieles, das Verständigung erschwert oder ausschließt und wo dann – wenn möglich – Akzeptanz weiterhelfen kann.

Stellt Euren Nachbarn nicht in die Ecke. Ihr könntet ihm versuchsweise mit dem Willen begegnen, ihn so wie er ist, zu akzeptieren und das Gefühl dafür entwickeln, dass ihr das auch tatsächlich tut. Wenn Ihr das übt und den Blick für die kleinen und feinen Prozesse öffnet (weil Ihr ja vor dem Nachbarn keine Angst habt und Euch sicher fühlt ...), dann mag es sein, dass Ihr plötzlich spürt, dass auch der Nachbar seinen Panzer einen kleinen Spalt öffnet. Wenn das passiert, dann sagt ihm, wie gut Euch das tut. Vielleicht öffnet er sich dann noch ein Stück. Das erfordert allerdings Mut, Konzentration und im Prozess eine ganze Menge Awareness. Und vor allem den Willen zur Veränderung. Wenn das einmal geklappt hat, dann könnt Ihr das immer wieder versuchen und in allen Zusammenhängen, wo Euch andere behindern oder Ihr Euch behindert fühlt.

Ansonsten: bleibt wie Ihr seid! Ihr müsst nichts ändern. Ihr seid schon (fast) perfekt. Oder Ihr wart es sicher, als Ihr auf die Welt gekommen seid. Aber wenn Ihr wollt, dann könnt Ihr Euch auch jetzt vorstellen, dass es Euch besser geht ... noch besser.

Literaturtipps:

Wissen

Stefan Blankertz, Wenn der Chef das Problem ist, 2004

Das Meer der Möglichkeiten

Ich will diejenigen von Euch, die daran Interesse haben, abschließend noch auf einen gedanklichen Ausflug mitnehmen, der mich geistig und emotional an meine Grenzen führt, den ich aber so grundlegend, sympathisch und aufregend finde, dass ich Euch daran teilhaben lassen möchte. Es geht dabei um Überlegungen zu Zusammenhängen der Gestalttherapie und ihrer Grundlagen mit Erkenntnissen der „neuen Physik" - oft abgekürzt als Quantenphysik bezeichnet. Ich beziehe mich dabei aber nicht primär auf den Quantenbegriff, der zunächst einmal nur beschreibt, dass Energie nicht unendlich teilbar ist, sondern in kleinsten Wirkungsportionen abgegeben und übertragen wird: das hat Max Planck in den ersten Jahren des 20. Jahrhunderts herausgefunden und beschrieben. Und auch nicht darauf, dass der Dualismus von Welle und Teilchen bis heute nicht abschließend erklärt werden kann: das hat unter anderen Werner Heisenberg in den 20er Jahren des 20. Jahrhunderts begonnen. Und es ist für die Handhabung und Wirkung dieses Ratgebers auch nicht nötig, mir hier zu folgen, wenn Ihr das tut, kann es aber auch Eure Grenzen erweitern. In der „neuen Physik" geht es in weiteren Zusammenhängen um den Feldbegriff, um eine Physik der Beziehungen und Möglichkeiten (anstelle einer Physik der objektiven, determinierten Fakten), um Phänomene wie die Quantenverschränkung und Überlagerungszustände, um Wahrscheinlichkeiten und grundsätzlich um Subjektivität. Da gibt es viele Schlagworte, die mich aufhorchen lassen, weil sie mir im gestalttherapeutischen Geschehen auch begegnen und Fragen aufwerfen. Ich habe mich immer gefragt, was genau und wie genau dieser eigentümliche Schwingungszustand zwischen mir und meinen Patient*innen zustande kommt – wenn wir uns (manchmal) spürbar besonders gut verstehen. Ich werde auch das Gefühl nicht los, das ich bei systemischen Aufstellungen erfahren habe, wo spontan ein „wissendes Feld" entsteht, dass da etwas „Übernatürliches" wirkt. Da muss ich mich regelrecht um Skepsis bemühen, um nicht unkritisch in eine esoterische Falle zu laufen. Mein Blick gilt Prozessen und Relationen, mein Verständnis materieller Vorgänge beginnt (aus Erfahrung) mit dem Geist und setzt ihn voraus. Ich beschäftige mich mit energetischen Zuständen – auch, wenn es „nur" um Scham und Schuld und Leiden (und ein Magengeschwür) geht. Da kommt Vieles zusammen, was mir den Blick in die Bücher, Präsentationen und Vortragsaufzeichnungen etwa von Thomas und Brigitte Görnitz, Frido und Christine Mann, Hans-Peter Dürr oder Ulrich Warnke[11] nahegelegt hat, die mich mit ihren neuen Konzepten immer wieder faszinieren und bei denen ich die naturwissenschaftlich beschriebenen Parallelen zu meinen Beobachtungen und Wahrnehmungen finde. Mir scheint es evident, dass die von mir gemachten Wahrnehmungen (genau wie alle anderen intra- und interpersonalen Prozesse) vor dem Hintergrund quantenphysikalischer Feldtheorien zusätzlich bedacht, entwickelt und weiterformuliert werden können. Dass da etwas Gestalt annehmen könnte, was so noch nicht klar und bewusst und verbreitet ist. Zum Beispiel mit Blick auf das gestalttherapeutische Kontakt- und Grenzmodell – wo das Selbst und das (Um-)feld aufeinandertreffen, wo neues Bewusstsein entstehen oder blockiert werden kann, wo Möglichkeiten per se relevant sind, wo das Pendel in die eine oder andere Richtung ausschlägt; mit Blick auf die Beziehungen der Menschen untereinander und speziell auf die zwischen Therapeut*in und Patient*in - mit Blick auf das Leben und das Sein mit seinen Vorgeschichten und mit seinen Perspektiven – auch nach dem leiblichen Tod. Das sind auch physikalisch fassbare Momente, die in der „neuen Physik" mit ihrer ganzheitlichen Dimensionierung eine Rolle spielen dürfen, und die eben nicht mehr von Naturwissenschaftlern an die Geisteswissenschaftler delegiert oder den Esoterikern (meist abwertend) überlassen werden können. Dazu passen Parallelen der Quantenfeldtheorie zu der gestalttherapeutischen Auffassung,

[11] s. S. Literaturnachweise

wonach jeder Organismus in einem Feld existiert. *„Gestalttherapie hingegen mit ihrem Feldmodell sieht alle lebenden Organismen in wechselseitiger Abhängigkeit und wechselseitiger Bezogenheit, die durch Bedürfnisse gestaltet wird. Menschen leben immer in Abhängigkeit von den anderen Menschen des Feldes, dem sie zugehören und das sie mit ihnen zusammen erst bilden und in Erscheinung treten lassen. In diesem Sinne steht sogar die Entstehung, Aufrechterhaltung und Weiterentwicklung ihres Selbst in Beziehungen der Abhängigkeit. Deshalb bekäme man nur eine sehr unglückliche Sicht auf die Bedingungen der menschlichen Existenz, wenn man Selbstgenügsamkeit zum Maßstab für Reife und Gesundheit machte.“* [12]

Die „Neue Physik“ lässt unter anderem den radikalen Schluss zu, dass es außer den Beziehungen unter den (nicht vorhandenen Teilchen) nichts gibt. (Strukturenrealismus): *„Immer mehr Leute glauben heute, dass es in Wirklichkeit nicht auf Dinge ankommt, sondern auf die Beziehungen zwischen ihnen. Dieser Standpunkt, der so genannte Strukturenrealismus, bricht mit herkömmlichen atomistischen Konzepten der materiellen Welt noch radikaler als alle ontologischen Varianten von Teilchen und Feldern. Anfangs etablierte sich eine gemäßigte Version unter dem Namen epistemischer Strukturenrealismus (von griechisch episteme = Wissen). Ihm zufolge werden wir zwar niemals das wirkliche Wesen der Dinge erkennen, können aber wissen, wie sie miteinander in Beziehung stehen. Beim Phänomen Masse beispielsweise sieht man niemals die Masse selbst, sondern nur, wie ein massetragender Körper mit einem anderen durch das örtliche Schwerefeld wechselwirkt. Die Struktur der Welt, die ausdrückt, wie Dinge wechselwirken, ist der dauerhafteste Teil physikalischer Theorien. Neue Theorien können unsere Vorstellung von den Grundbausteinen der Welt umstürzen, aber oft bewahren sie die Strukturen. Nur so können Forscher Fortschritte machen. Das wirft die Frage auf: Warum kennen wir nur die Relationen zwischen Dingen und*

---

[12] Yontef, Beziehungen und Selbstwertgefühl in der gestalttherapeutischen Ausbildung,1999

nicht die Dinge selbst? Die einfachste Antwort lautet: Es gibt nur Relationen. Dieser Sprung führt zu einem radikaleren Standpunkt, dem ontischen Strukturenrealismus (von griechisch to on = das Seiende)."[13]

Das Selbst als Bündel von Eigenschaften und Relationen, das mit anderen Bündeln wechselwirkt – da finde ich nichts, dem ich aus meiner Sicht widersprechen müsste und es macht mich geradezu (seltsam) glücklich, dass wir diese Möglichkeiten heute sehen können.

Mit der Entdeckung dieser naturwissenschaftlichen Ressourcen für die Gestaltarbeit stehe ich nicht alleine. Schon vor einigen Jahren hat Prof. Dr. Lotte Hartmann-Kottek auf diese Zusammenhänge hingewiesen und eine Fülle von Parallelen aufgezeigt: *„Es scheint ein Weg, der von Kopfschütteln und Staunen begleitet ist: die Gestalttherapie geht von Anfang an so vor, als hätte sie schon in der Mitte des vorigen Jahrhunderts die Prinzipien der „Verallgemeinerten Quantenphysik" (H. Römer) gekannt und als wäre die moderne Erkenntnis über die Doppel-Natur des Quants, als Welle und Korpuskel, - und in dieser Weise als Baustein unserer Wirklichkeit, - bereits in ausgewogener Weise Pate gestanden. Die Gestalttherapie ist mit ihrer Vorder- Hintergrund-Dynamik und ihren energetischen Gestalt-Bildungs-Prozessen genau auf dem sogenannten „Heisenbergschen Schnitt" angesiedelt, an dem aus dem hintergründigen „Meer aller Möglichkeiten" Wirklichkeit entsteht, bzw. durch Kollaps der Wellenfunktionen „in Realität geschaltet" wird, wie man in der Physik zu sagen pflegt.- . Und es lassen sich noch andere interessante Phänomene als Entsprechungen entdecken. Nachweisbar ist, dass sich der Begründer der Gestalttherapie, Fritz Perls, mit der Neuen Physik seiner Zeit auseinandersetzte".*[14]

Frau Hartmann-Kottek ist als habilitierte Medizinerin und Diplompsychologin über den Verdacht erhaben, unwissenschaftlich zu arbeiten –

[13] Kuhlmann, Was ist real, S. 50f.
[14] Hartmann-Kottek, Gestalttherapie, 2015

und sie hat sich, soweit ich sehe, als eine der ganz wenigen Gestalttherapeut*innen bisher getraut, diese Zusammenhänge in die Öffentlichkeit zu tragen. Wenn man erlebt, wie heftig die Ressentiments naturwissenschaftlich im „alten Denken" befangener Kollegen, Bekannter, Freunde und Mitbürger sein können, die diese Zusammenhänge nicht sehen (wollen), dann könnte man fast meinen, man habe es hier mit einem riesigen Pferd im Flur oder einer kollektiven Kontaktunterbrechung zu tun, und dass da Introjekte wirken, die wirklich hinderlich sind. Frau Hartmann-Kottek weist unter anderem auf einen Versuch hin, den der renommierte Quantenphysiker Anton Zeilinger auf der „documenta 2013" in Kassel durchgeführt hat. *„Er war gebeten worden, das berühmte Doppel-Spalt-Experiment aufzubauen, das augenscheinlich macht, dass die kleinste Wirk-oder Energieeinheit, die Quant genannt wird, ein Sowohl-als-auch-Wesen ist: ein schwingendes, unbegrenztes Feld, bereit zu interferierender Vernetzung, - wie auch ein (pseudo-)korpuskuläres Wesen, das man sich wie einen kunstvoll aufgedrillt und aufgeknäulten Energiefaden (string) vorstellen darf, (vielleicht ein wenig vergleichbar mit der mehrfach aufgedrillten Doppelhelix in unseren Zellen), dessen augenblickliches Zusammenfalten bevorzugt durch die situative Gegebenheit eines einzelnen Mikrospaltes ausgelöst zu werden scheint, aber auch durch den Zusammenstoß mit anderweitiger, gerichteter Energie, z.B. durch einen aufmerksamen Beobachter. (Alle Lebewesen sind Quantenstrahler.)".*[15]

Im Rahmen unseres psychotherapeutisch angelegten Blickwinkels kann die Übertragung dieser Erkenntnisse auf den Menschen etwa so aussehen: *„Die Freiheit des Quants, seine Spontaneität und Bewusstseinsfähigkeit spiegelt sich auch in einem komplexen Gestaltgebilde, wie z.B. im individuellen Selbst, das wir uns als Quantenfeld vorstellen können, wider. Solch ein Feld steht in einem Spannungsfeld zwischen Selbst- und Fremdbestimmung, zwei wichtige Faktoren*

[15] Hartmann-Kottek, ebd.

für die Psychotherapie. Der Mensch ist in diesem Sinne als ein komplexes, individuelles Quantensystem anzusehen, eine Mini-Ausgabe des „Meers aller Möglichkeiten", das im besten Fall zum „großen Meer" und seiner Informationsfülle Zugang gefunden hat. Ein psychisch gesundes Individuum besitzt eine gewisse Unsicherheitstoleranz, die aus dem Bewusstsein stammt, jederzeit verschiedene, adäquate Seinsmöglichkeiten zur Verfügung zu haben und entsprechend intuitiv (!) reaktionsfähig zu sein. Insoweit das Quantenfeld des einzelnen Individuums oder auch eines einzelnen Quants in Resonanz mit Schwingungen des übergeordneten Schwingungsmusters oder sogar dem des Gesamtsystems gehen kann (da mag es viele Abstufungen geben), spiegelt sich im Einzelnen holographisch das Ganze. Der Vergleich zwischen dem Menschen als Quantenwesen und den Möglichkeiten der Psychotherapie ist dahingehend ermutigend, dass die Freiheit, Spontaneität, die Verwandlungskraft nach innen und der Gestaltungsspielraum nach außen für den Einzelnen oder von gleichgesinnten Gruppen stets größer ist, als gedacht. Das ist eine gute Nachricht für die Psychotherapie und eine Aufforderung, sie verantwortlich zu nutzen".[16]

Die (hoffentlich nicht) ewigen Gegenargumente klassischer Physiker, wonach die merkwürdigen und teils paradox erscheinenden Quanteneigenschaften und –verhaltensweisen ja nur in winzigsten Massstäben und nur unter besonderen Labor- und Versuchsbedingungen nachweisbar sind, bei Temperaturen um den absoluten Nullpunkt und in völliger Isolierung, dass Menschen in einer achtfach höheren Dimension existieren und daher die Quantenwelt für sie gar nicht relevant sein könne, erscheinen obsolet. Denn es ist inzwischen gelungen, Quanteneigenschaften an (vergleichsweise riesigen) Atomen und Viren nachzuweisen und mit ihnen zu arbeiten und es gilt als ausgemacht, dass Vogelhirne, die ja ebenfalls in unvorstellbarer Weise größer

---

[16] Hartmann-Kottek, ebd.

sind als ein Quant und vergleichsweise hohe Temperaturen haben, sich mit Hilfe quantenfeldimmanenter Informationen und Vorgänge orientieren. Das sieht man zum Beispiel bei augenscheinlich simultan und instantan verlaufenden Richtungsänderungen großer Vogelschwärme.

Dass solche Quantenfelder Träger kollektiven Bewusstseins sind, macht die Sache insgesamt und vor dem Hintergrund der Frage, was aus uns wird, in vieler Hinsicht spannend.

In unserem Zusammenhang hier geht es aber vor allem darum, gewahr zu werden, dass gestalttherapeutische Grundlagen und Interventionen, dass der Blick in die ganz kleinen und feinen Details unseres Verhaltens, dass Awareness, Wertschätzung und Akzeptanz, Kontakt-(unterbrechungen) und Grenzen, dass unsere Emotionen wie Angst und Wut und Hoffnung vor dem Hintergrund der Quanteninformationstheorie eine naturwissenschaftlich begründete und nachvollziehbare Qualität haben. Und dieser Hintergrund unterliegt derzeit einer weiterführenden, in Teilen auch strittigen, Diskussion und Theoriebildung.

Es ist naturwissenschaftlich begründbar, warum ich (manchmal) Verbundenheit mit meinen Patient*innen spüre, warum das „wissende Feld“ bei Aufstellungsarbeiten funktioniert, warum sogenannte telepathische Phänomene auftreten können. Denn wir alle sind primär (und auf der Ebene des Allerkleinsten, dessen, was die „Welt im Innersten zusammenhält“) keine Klopse aus Fleisch, Fett, Knochen und Blut (die sind wir in grober Wahrnehmung des statistischen Durchschnitts aller möglichen Ergebnisse intrapersonaler Wechselwirkungen) und in uns gefangen und einander gegenüber sondern Bündel aus Informationen und Energie, die in sich und mit- und untereinander wechselwirken. Das körperlich wahrgenommene Gegenüber scheint insofern „nur“ eine Illusion – hervorgegangen aus statistischen Wahrscheinlichkeiten und grober Vereinfachung weit komplexerer, ganzheitlich-energetischer Prozesse, die grundsätzlich offen sind und veränderbare Grenzbereiche nachlassender oder zunehmender Intensität erzeugen. Mit der Erkenntnis dieser Prozesse sollte allerdings behutsam und vorsichtig umgegangen werden. Zumindest derzeit stehen noch keine erprobten „Rezepte" für die Wahrnehmung und den Umgang miteinander zur Verfügung, die sich ausschließlich auf die „neue Physik" berufen. In den großen Maßstäben, mit denen wir täglich umgehen und die wir selber verkörpern, bleibt die Wahrnehmung materieller Gestalten und der erprobte Umgang mit ihnen immer noch empfehlenswert. Ein gebrochenes Bein ist immer noch ein Fall für den Arzt und die Schiene und einen Blinddarmdurchbruch verhindert Ihr nicht mit Meditation. Jedenfalls nicht im Rahmen unserer abendländisch-westlichen Alltagsroutinen.

Begriffserklärung:

Feldtheorie: *„Die psychologische Feldtheorie, auch topologische Psychologie oder Vektorpsychologie genannt, geht auf die Gestalttheorie zurück. Deren Mitbegründer Wolfgang Köhler ging davon aus, dass es sich bei psychischen Prozessen um Feldprozesse handelt, denen auch Feldprozesse im Gehirn entsprechen. Ähnlich den verschiedenen physikalischen Feldern werden auch von der Gestalttheorie ganz unterschiedliche Felder untersucht und beschrieben. So spricht die Gestalttheorie in ihren psychologischen Feldkonzepten vom phänomenalen Feld, vom psychischen Feld und vom psychophysischen (zentralnervösen) Feld. Diesen gestalttheoretischen Feldbegriffen verwandt ist der von Thure von Uexküll, dem zufolge für den Begriff des Feldes die Verbindung und Integration ganz unterschiedlicher sich aus dem Bezug eines Menschen zu seiner Umwelt ergebenden Kräfte entscheidend ist, nicht die diesen Kräften (bzw. Motivkonstellationen) rein physikalisch zukommenden Eigenschaften".*
(wikipedia)

Literaturtipps:

Wissen

Merali Zeeya, Was ist wirklich real? 16.09.2015

Interessantes:

„Geduld

Und ich möchte Dich,
so gut ich es kann, bitten
Geduld zu haben gegen alles Ungelöste
in Deinem Herzen
und zu verstehen.
Die Fragen selbst liebzuhaben
wie verschlossene Stuben
und Bücher, die in einer fremden Sprache
geschrieben sind.
Forsche jetzt nicht nach Antworten,
die Dir nicht gegeben werden können,
weil Du sie nicht leben könntest.
Und es handelt sich darum,
alles zu leben.
Vielleicht lebst Du dann
allmählich – ohne es zu merken -
eines fernen Tages in die Antwort hinein."
(Rainer Maria Rilke, Briefe an einen junge Dichter)

Sind Sie noch ganz die/der Alte?

Nachwort von Birgit Winterstein

Sind Sie noch ganz die/der Alte? Oder etwas aus dem althergedachten Rahmen gefallen? Es wäre dem Inhalt dieses Büchleins zuzutrauen. Dass sich etwas verändert hat. Dass sich etwas aufgetan, vertieft, emporgehoben, hervorgetraut, gezeigt hat. Sich ausloten und ins Lot finden konnte. Dass aus Ihrer Mitte ein Fluss entsprungen ist, der trägt und seinen Lauf nimmt.

Vielleicht sind Sie gerührt? Vielleicht ein wenig durchgeschüttelt? Vielleicht auch von Dankbarkeit erfüllt, ähnlich wie ich vor fast zehn Jahren. Damals begegnete ich dem Autor und den hier versammelten Inhalten als Teilnehmerin seiner Seminarreihe. 4 mal 2 Tage verteilt über ein Jahr. 4 mal 2 Tage emotionale Terra-Nova-Expedition. Selbst-Begegnung auf Augenhöhe.

Es ging mir nicht gut damals. Ich hatte ein Kind verloren, den Partner, stand beruflich am völlig falschen Fleck, wusste nicht, wie es weitergehen sollte, fühlte meine Existenz gescheitert. Ich fand im Seminar: unerwartet intensiven Kontakt mit mir selbst und anderen, Ruhe, (Selbst-)Bewusstsein, Motivation, Energie, zurück zu neuer Authentizität. Mein persönliches Gleichgewicht mit den unvermeidlichen Ambivalenzen des Fühlens, Denkens, Erlebens.

Wo anderswo teils verkopfte, alltagsferne Programme gepredigt werden, bot sich hier eine beherzte Reisebegleitung an - zu mir selbst, mir in der Welt, der Welt in mir. In verborgene, weit geöffnete Möglichkeitenräume.

Ganz entscheidende Impulse verdanke ich dem achtsamen Blick, dem zuverlässigen und leidenschaftlichen Engagement für Entwicklungsprozesse, der souveränen Anleitung und Begleitung beim Überqueren von Blockaden, beim Abschütteln von hinderlichem Ballast. Wie Sie es hier selbst in verschriftlichter Form so unverwechselbar deutlich und spürbar erfahren konnten.

Mittlerweile stehe ich zufrieden genau dort, wo ich stehen möchte und gehe frei und erfolgreich Wege, die ich mir damals nicht kühnstens erträumt hätte.
Mittlerweile habe ich die Seiten gewechselt: als Assistenz des Seminarzyklus, als Kollegin mit teils sehr verschiedenem Arbeitshintergrund. Und auch aus dieser Perspektive inspiriert mich: das sehr besondere Konzept, das ermöglicht, sich selbst und anderen in der ganzen Fülle des Daseins so intensiv zu begegnen.

Wie oft verurteilen wir uns selbst, missverstehen, verkennen, verfehlen, bemitleiden uns, lehnen uns ab - oder entsprechend andere. Ignorieren oder übersehen wesentliche Gefühle, Bedürfnisse, Impulse. Amputieren uns dadurch psychische Kräfte und Persönlichkeitsanteile. Verzweifeln dann an blockierten Kompetenzen und am eingeschränkten Einfluss auf unser Leben.

Die so gefesselte und nach der Lektüre wieder verfügbare Kraft, Kreativität und Lebensfreude versetzt erfahrungsgemäß die sprichwörtlichen Berge. Sie finden zukünftig sicher wunderbar zukunftsgewandte, sinnstiftende, bereichernde, genussvolle, lebenslustige Einsatzmöglichkeiten.

Herzliche Grüße und gute Aussicht!

Birgit Winterstein

Traumatherapeutin ROMPC
Systemische Supervisorin und Coach
Mediatorin (univ.)
Zertifizierte Organisationsberatung

A

Abram Antje *85*
Abstand 47, 48, 49
Abwehr 6, 7, 11, 12, 49, *78*
Achtsamkeit 19
Adrenalin 51, *80*
Aggression *6*, 23, 32, *75*, *76*, *78*, *79*, *81*, *83*, *85*, *92*
Akzeptanz 60, *68*, *69*, *71*, *72*, *78*, *79*, *92*, *100*
Anamnese *75*
Angemessenheit 16
Angst *6*, 51, *76*, *79*, *82*, *84*, *85*, *87*, *92*, *100*
Anpassung schöpferische 46
Antreiber 16
Arbeitsamt 12
Ärger *84*
Atem 12, 15, 65, 69, 81
Aufmerksamkeit 15, 16
Aufstellung systemische *94*, *100*
authentisch 5, 31, 60, *72*, 80, 81
Authentizität *62*
Autonomie 45
Awareness 8, 13, 15, 19, 33, *61*, *78*, *79*, *80*, *85*, *92*, *100*

B

Bach George R. *79*
Bedürfnis *5*, 22, 24, 27, 50, 54, 57, *63*, 77, *78*, *96*
Befriedigung 22
Behandlung 21, 25
Beisser Arnold 34, *68*
Beobachtung 9, 11, 55, *65*, 71, *95*
Bewertung 11
Bewusstsein 15, 16, 19, 33, 46, *95*, *100*
Bewusstwerdung 15, 46
Beziehung 42, 44, *70*, *71*
Blankertz Stefan *22*
Blockade 8, *69*, *95*
Bock Werner *68*
Bucay Jorge 43
Burnout 46

C

caritas *62*
Charlie Chaplin *62*, *74*

D

Deflektion 26, 27, 28, 30, 54, *90*
Depression 46
Doppel-Spalt Experiment 98
Drogen .... *Siehe* Sucht
Dürr Hans-Peter *95*

E

Egoismus *70*
Eigenverantwortung 19
Energie 13
Epiktet *71*
Ersatzbefriedigung *79*
Experiment 9, 55

F

Feld 17, *65*, 67, 70, *77*, *94*, *95*, *98*, *100*
Figur 13
Figur/Grund-Bildung 7, 13
Frank Heike 72
Freude *84*
Funktion 18, 20, 21, 30, 33, *90*
Funktionsstörung 20, 21, 22, 33
Furcht 63, *84*

G

Ganzheit 20, 22
Geist 19, *95*
Gestalt 15
Gestaltbildung 46, *61*, *97*
Gestalttheorie 34
Gestalttherapie *58*, *61*, *76*, *94*, *96*, *97*
Gestaltwelle 22, 25, 33
Gewahrsein 13, 15, 16, *85*
Gewohnheit 20
Glaube *66*
Goethe Johann Wolfgang von 43
Goldberg Herb *79*
Goodman Paul *22*, *58*
Görnitz Thomas und Brigitte *95*
Grenze 42, 43, 44, 45, 47, 49, 50, 51, 53, 55, *58*, *62*, *69*, *79*, *89*, *90*, *94*, *95*, *100*
Grenzerlebnis 46, 47
Großvater 52
Grundhaltung 45

H

Haltung 15, 20, 21, 44, 60, *63*, *64*, *66*, *71*, *77*
Hartmann-Kottek Lotte *97*
Hass *76*
Haut 5, 45, 46, *64*
Hefferline Ralph *22*, *58*
Heilung 20
Heisenberg Werner *94*
Heisenbergscher Schnitt *97*
Hier und Jetzt 16, 25, *62*, *81*, *87*
Hintergrund 75, 95
Hirzel Daniela *85*
Hoffnung *100*

I

ICD10 .... 18, *26*
Identifizierung *69*

Imagination 38, 68, *70*, 90, *91*
Initiative *77, 78*
Integration 23, 53, *78*
Introjekt 28, 32, 52, *61, 75, 77, 92, 98*

J

Jobcenter *78, 79*

K

Karma 40, 43
Kind inneres *67*
Konflikt ... 25, 27, 28, 29, 30, 31, 36, 54, *63, 64, 77, 85, 89, 90*, 91, 92
Konfluenz 27, 28, *32*, 52, 55, *61*
Kontakt ... *5, 7*, 8, 22, 23, 24, 25, 27, 29, 41, 44, 45, 46, 47, 53, 58, *79, 82, 90, 95*
Kontaktstörung 26, 29, 30
Kontaktunterbrechung 18, 22, 25, 33, 42, 50, *61, 75, 79, 84, 90, 98, 100*
Körper 9, *64, 68*, 69, *80, 100*
Körperhaltung 50
Körperkontakt 44, 47
Krankengeld 18
Krankschreibung 18, 30
Kuschelparty 55

L

Lampenfieber *84*
Lebensberatung 29
Lebensgefühl *5*, 20, 21, 33, 40, 51, 55, 60, 61, 67
Lexikon der Gestalttherapie *7, 77*, 85
Linehan Marsha 72
Lösung 25, 54, 56, *65*, 66, *84*, 92
Lösungsstrategien 30

M

Mann Frido und Christine *95*
Mantra 9
Materie 19, *96, 101*
Meer aller Möglichkeiten 19, *94, 97, 99*
Missbrauch 51, *60*
Mitverantwortung 53
Mobbing 60
Möglichkeit 9, 10, 16, 57, *66, 85, 94, 95, 97*
Motivation 41
Mut 47

N

Nächstenliebe *61*
Nähe/Distanz 55

O

Ohnmacht 41, 43
Opfer 46
Organismus *5, 7*, 22, *76, 77, 96*
Organismus/Umfeld -Feld 76

P

Perls Fritz *22, 58, 97*
Persönlichkeitsanteil *68*
Persönlichkeitsstörung 33
Physik 34
Planck Max *94*
Polster E. und M. 7, *32*
Projektion 27, 31, 54, 57, *62, 90*
Protyposis *67*
Psychotherapeut 29, 51
Psychotherapie *22*

Q

Quantenfeld *98, 100*
Quantenfeldtheorie *95*
Quanteninformationstheorie *100*
Quantenphysik *94, 97*

R

Rat 9
Ratgeber 5, 6, 10, 29, 40, 54, 55, 60
Ratschlag *6*, 14, 46, 51
Reaktionsmuster *84*
Reibung 46
Resonanz *5*, 16, 50, *99*
Respekt *62, 73*
Ressentiment 38, 39, *70, 98*
Ressource 11, *67, 90, 97*
Retroflektion 28, 31, 53, 56, *61, 91*
Reue 43
Rilke Rainer Maria 102
Rückführung 49

S

Scham 37, *63, 95*
Schamgefühl .... *Siehe* Scham
Scheidung 42
Schneider Kristine 8
Schuld 31, 36, 38, 40, 42, *60, 61, 82, 95*
Schuldfähigkeit 36
Schuldgefühl 37, 38, 39, 40, 41
Seele 19
Selbst 31, 50, 51, *58, 95, 96, 97, 98*
Selbstbewusstsein 10
Selbsterfahrung *79*
Selbstkontakt 13, 47, 50, *62, 70, 75*, 90

Selbstregulierung *6*, 19, 34, *78*
Selbstverantwortung 42, *78*
Selbstvertrauen *62*, *73*
Selbstwertschätzung 60, *61*, *62*, *63*, *70*
Sex 24, 32, *84*
Sigurosson Gunnar *58*
Smalltalk 30, 90
Sorge *84*
Staemmler Frank-M. 43, *68*
Stevens John O. 37, *38*, *70*
Stöcker Christian 83
Stress 10, 32, 45
Strukturenrealismus *96*
Subjektivität *94*
Sucht 42, 46, *60*, *79*

T

Telefonseelsorge 29
Therapie 15
think positiv *5*
Tod 41, *72*, *95*
Topdog 16, *68*
Trauer 23, 41, *84*

U

Übergangsmoment 8
Überlebensschuld 41
Umwelt 22, 23
Underdog *68*

V

Vegetarier *82*
Veränderung 20, 34, 54, 60, *71*, *80*, *90*, *92*
Verantwortung 31, 42, *89*
Verhalten *7*, 8, 12, 13, 20, 27, 28, 32, 33, 37, 42, *71*, *80*
Versagen 10, 91
Vorder-Hintergrund Dynamik *97*
Vorgesetzte 36, 63, *89*
Vorkontakt 26

W

Wahrnehmung 20, 25, 44, 47, *86*, *100*, *101*
Wahrnehmungsfähigkeit 55
Warnke Ulrich *95*
Wechselwirkung *100*
Wertschätzung 60, *64*, *70*, *78*, *79*, *100*
Wheeler Gordon 7
Widerstand *7*, *78*, *88*
Wiedereinbindung *8*, 13
Wille *90*, 92
Wille freier 36
wohlwollend *68*
Wut 15, *75*, *76*, *79*, *80*, *100*

Y

Yontef Gary *63*

Z

Zeeya Merali 101
Zeilinger Anton *98*
Zinker Joseph *22*
Zorn *75*

Literaturnachweise

Antje Abram und Daniela Hirzel, Fühlen erwünscht: Praxishandbuch für alle sozialen Berufe. 88 Übungen für verschiedene Zielgruppen und Symptomatiken, 2007

George R. Bach und Herb Goldberg, Keine Angst vor Aggression. Die Kunst der Selbstbehauptung, Fischer Taschenbuchverlag 1990

Arnold Beisser, Anke und Erhard Doubrawa, Frank M. Staemmler, Werner Bock und Isabelle Blankertz, Wozu brauche ich Flügel?: Ein Gestalttherapeut betrachtet sein Leben als Gelähmter, Peter Hammer Verlag 1997

Stefan Blankertz und Erhard Doubrawa, Gestalttherapie-Lexikon, Books on Demand, 2017. Im Internet: http://www.gestalttherapie-lexikon.de/

Stefan Blankertz, Verteidigung der Aggression. Gestalttherapie als Praxis der Befreiung, Peter Hammer Verlag 2010

Stefan Blankertz, Wenn der Chef das Problem ist, Peter Hammer Verlag 2004

Albrecht Boeckh, Die Gestalttherapie. Eine praktische Orientierungshilfe. Kreuz Verlag 2006

Jorge Bucay, Komm ich erzähl dir eine Geschichte, Fischer Taschenbuch 2008

Willi Butollo und andere, Verhaltens- und Gestalttherapie bei Angststörungen, in: Christoph Mundt, Michael Linden, Winfried Barnett (Hrsg.), Psychotherapie in der Psychiatrie, 1997, S. 167-172

Hans-Peter Dürr, Es gibt keine Materie, Crotona 2012

Heike Frank, Weißt du, wie wertvoll du bist?: Mehr Selbstfürsorge und Lebenszufriedenheit im Hier-und-Jetzt, EHP kompakt, 2018

Thomas und Brigitte Görnitz, Von der Quantenphysik zum Bewusstsein: Kosmos, Geist und Materie, 2016

Ingfried Hobert, Die Medizin der Aborigines: Heilungsgeheimnisse eines magischen Kontinents, Verlag Oesch, 2007

Lotte Hartmann-Kottek, Gestalttherapie, ihr geistiges Umfeld und die Verallgemeinerte Quantenphysik. Im Internet: http://lotte-hartmann-kottek.de/cms/wp-content/uploads/2015/01/LHK_Leseprobe_Quantenphysik-und-Gestalt.pdf (zuletzt aufgerufen am 05.02.2020)

Dirk Kratz, Hilfe und Entfremdung: Ein biographischer Blick auf Langzeitarbeitslosigkeit und Hilfen zur Arbeit im Kontext der Sozialen Arbeit, Beltz Juventa 2015

Meinard Kuhlmann, Quantenfeldtherorie. Was ist real?. In: Spektrum der Wissenschaft, Juni 2014. Im Internet: https://www.physik.tu-dresden.de/docs/Kuhlm2014-SpektrumReal.pdf (zuletzt aufgerufen am 05.02.2020)

Frido und Christine Mann, Es werde Licht: Die Einheit von Geist und Materie in der Quantenphysik, S. Fischer Verlag 2017

Bruno-Paul de Roeck, Gras unter meinen Füssen. Eine ungewöhnliche Einführung in die Gestalttherapie, Hamburg 2016

James S. Simkin, Gestalttherapie. Minilektionen für Einzelne und Gruppen. Mit Beiträgen von Martin Goldstein und Erving Polster, Peter Hammer Verlag, 2003

John O. Stevens, Die Kunst der Wahrnehmung. Übungen der Gestalttherapie, Gütersloh 2006

Christian Stöcker, Die Kinder sind längst noch nicht wütend genug, 31.03.2019, im Internet: https://www.spiegel.de/wissenschaft/mensch/fridays-for-future-die-kinder-sind-laengst-noch-nicht-wuetend-genug-a-1260262.html (zuletzt aufgerufen am 07.02.2020)

Ulrich Warnke, Quantenphilosophie und Spiritualität: Wie unser Wille Gesundheit und Wohlbefinden steuert, Goldmann Verlag 2017

Peter Wohlleben, Das geheime Leben der Bäume: was sie fühlen, wie sie kommunizieren, Ludwig Buchverlag 2016

Gary Yontef, Beziehungen und Selbstwertgefühl in der gestalttherapeutischen Ausbildung, 1999, Im Internet http://www.gestalt.de/yontef_beziehungen.html

Merali Zeeya, Was ist wirklich real? Mit raffinierten Experimenten gehen Forscher den Seltsamkeiten der Quantenwelt auf den Grund. 16.09.2015, Im Internet: https://www.spektrum.de/news/was-ist-wirklich-real/1365934(zuletzt aufgerufen am 07.02.2020)

Katrin Zeug, Ich schaffe das! Im Internet: https://www.zeit.de/zeit-wissen/2017/05/psychiatrie-krise-suizid-depressionen (zuletzt aufgerufen am 06.02.2020)

Printed in Germany
by Amazon Distribution
GmbH, Leipzig

28649744R00068